JN085368

Deloitte. トーマツ.

Q&A
業種別会計実務 ◆14◆
証券 第2版

有限責任監査法人
トーマツ【著】

Securities

中央経済社

第2版 はじめに

　証券会社のビジネスは，国内外の経済情勢や金融市場動向だけでなく，金融制度や規制の変更にも影響を受けます。2020年2月以降の新型コロナウイルスの影響により，証券会社の収益環境に不透明感が生じていますが，今後，リテールのビジネス・スタイルにも影響するのかもしれません。証券取引においては，取引，清算，決済の各段階において，決済リスク（システミック・リスクを含む）の削減等のための決済制度の変更や電子取引化を含めたさまざまな制度上の改革が進展しています。証券業に関連する規制は幅広く整備されていますが，このような環境や制度の変化の過程において，初版を刊行した2014年以降，新たな規制も導入されています。また，これらは，証券業に関連する会計にも影響を与えています。

　このような状況において，証券業に携わる者にとって，証券業務（会計）に関する，より幅広く，かつ専門的な知識を持つことが求められています。本書では，証券市場や証券取引の全体像を把握し，証券会社の会計を理解できるよう，さまざまな論点を整理してQ&A形式で説明をしています。

　本書の構成は，以下のとおりです。第2版では，第9章を新設したほか，制度改正や実務の進展等を踏まえ，全体的な修正・加筆を行っています。
　第1章「証券業とは」では，証券会社の役割，業務の概要や関連する規制等，証券業の全体像を把握するための説明をします。
　第2章「会計の特徴」では，証券会社の会計に関する法令等や，証券会社の財務諸表に特有の勘定科目の説明をします。
　第3章「証券業に特有の個別論点」では，証券市場や取引の種類，証券の取引から決済までのプロセスを説明した上で，有価証券，デリバティブ，有価証券貸借取引等の会計処理を説明します。
　第4章「証券会社のリスク管理」では，証券会社に関係する市場リスク，信

用リスク，流動性リスク，事務リスク，システムリスクを説明します。さらに，これらに対して証券会社がどのように管理を行っているかを説明します。

　第5章「自己資本規制比率」では，証券会社に適用される自己資本規制比率の規制趣旨，規制導入の経緯，計算方法等を説明します。

　第6章「顧客資産の分別管理」では，証券業の分別管理の内容とその管理方法等について説明します。

　第7章「IFRSの概要」では，証券業に影響が大きいIFRSの金融商品会計基準等の概要を説明します。

　第8章「財務諸表の分析」では，証券会社に関する経営指標の説明や，証券業に関連する経済指標について説明します。

　第9章「証券業の新収益認識会計基準の適用」では，日本で新たに公表された収益認識会計基準の概要を紹介します。また，これが証券業の会計に与える影響について説明します。

　本書は，有限責任監査法人トーマツの金融インダストリー・グループ証券セクターに所属するメンバーが中心となって執筆しました。メンバーは，主に国内系および外資系証券会社の監査やコンサルティング業務に携わっており，本書は，メンバーが日頃より蓄積した知識と経験をベースに，総力を挙げて取り組んだ成果です。本書が，初版に引き続き，証券業務（会計）に関わる読者の方々の，知識の整理と更新にお役に立てることを願っています。

　2020年4月

　　　　　　　　　　　　　　　　　　　　有限責任監査法人トーマツ
　　　　　　　　　　　　　　　　　　　　監査・保証事業本部
　　　　　　　　　　　　　　　　金融事業部長　　嶋田　篤行
　　　　　　　　　　　　　　　　　　監修者　星　知子

目　次

第1章

証券業とは

第1章では，証券業の概要について説明します。たとえば，私たちが企業の株式を購入する場合，通常は証券会社を通して株式を購入することになります。これは証券会社から見るとどういった業務であり，また私たちが出した売買注文はどのように処理されていくのでしょうか。この章では，証券会社の果たす社会的役割，業務の種類と概要，証券会社を取り巻く機関，規制や組織構造，証券会社の現状と課題など広範な事項を解説します。第2章以降に登場する，証券業に係る会計基準や会計処理を理解する前提として，証券業の全体像を把握することがこの章の目的です。

Q1-1 証券会社とは

証券会社とはどのような会社ですか。

Answer Point

- 2007年に金融商品取引法が施行され，旧証券取引法で定められていた「証券会社」あるいは「証券業」という言葉は法律では使用されなくなりました。現在では金融商品取引法上の「第一種金融商品取引業者」が証券会社に相当します。
- 証券会社の主な役割は，直接金融の仲介者として，貸手から借手への円滑な資金移転を手助けすることです。

解説

(1) 証券会社とは

　「証券会社」とは，一般に有価証券やデリバティブの売買およびそれらの取次ぎを行う会社を指します。従来は旧証券取引法第2条第9項において証券会社の定義が定められていましたが，現在，この証券会社という言葉は法律では使用されていません。2007年9月30日に金融商品取引法が施行され，旧証券取引法で定められていた証券業や証券会社という用語が法律上の定義ではなくなったためです。

　金融商品取引法では，その代わりに「金融商品取引業」および「金融商品取引業者」という用語が定義されています（金商法第2条第8項および第9項）。さらに同法第28条において，金融商品取引業は，①第一種金融商品取引業，②第二種金融商品取引業，③投資助言・代理業，④投資運用業の4種類に分類・定義され，従来の証券業に相当するのは，これらのうち第一種金融商品取引業です。

　しかし，証券会社という名称は，同法の施行後も一定の条件を満たせば引き続き使用することが可能となっているため，証券業や証券会社という言葉は現在でも広く用いられています。

(2) 証券会社の役割

　証券会社は社会においてさまざまな役割を果たしていますが，最も重要なのは直接金融の仲介役としての役割です。「金融」とは文字どおり資金を融通すること，つまり資金が必要な人（資金需要者）に対して資金が余っている人（資金供給者）から資金を移転することを意味しますので，直接金融の仲介役というのは，資金供給者が資金需要者に対して直接資金を融通することを仲介する役割です。これがうまく機能することによって，資金需要者は事業等を行うのに必要な資金を確保し，また資金供給者は配当や利息等の収益を得ることができます。

　なお，直接金融に対して，間接金融とは資金供給者と資金需要者の間に金融機関が介在する場合を指します。たとえば銀行が預金という形で資金供給者から余剰資金を集め，それを貸付けという形で資金需要者に対して資金提供する形態は間接金融の代表例です。

図表1-1-1　直接金融と間接金融

【直接金融】

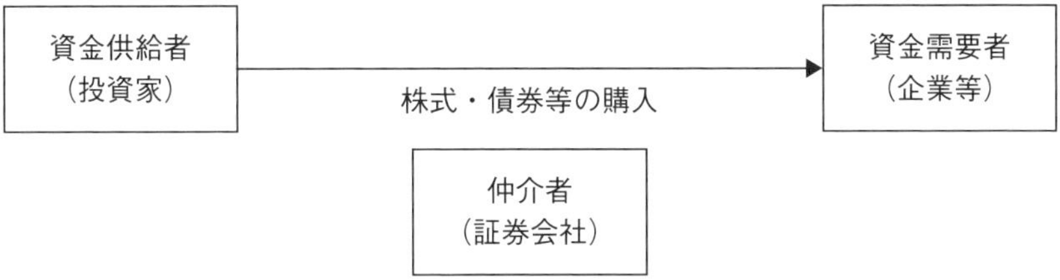

【間接金融】

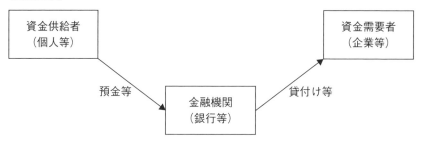

（3）証券業の歴史

　日本における証券業の歴史をひもとくと，図表1-1-2の主要な転換点が挙げられます。

図表1-1-2　証券業の歴史における主要な転換点

①	1878年（明治11年）	株式取引所条例の施行，東京株式取引所の設立
②	1948年（昭和23年）	証券取引法の施行
③	1996年（平成8年）	金融ビッグバンの開始
④	2007年（平成19年）	金融商品取引法の施行

　これらのうち，現在の証券業に非常に大きな影響を与えているのは，1996年の金融ビッグバンの開始と2007年の金融商品取引法の施行です。

　バブル崩壊後の長引く景気低迷によって日本の金融市場が弱体化しつつあったなか，規制緩和によってもたらされる活発な競争を通じて金融市場を活性化させるべく，1996年にいわゆる金融ビッグバン構想が提唱されました。当構想はフリー（自由化），フェア（透明化），グローバル（国際化）という3原則に則って抜本的な金融市場の改革を目指したものでした。当構想を受け，1998年には「金融システム改革のための関係法律の整備等に関する法律」（金融システム改革法）が施行されました。同法の施行により取引手数料の自由化が進み，競争環境が激化した結果，証券会社の企業再編が加速しました。

　また，金融ビッグバンの進行によって金融市場が自由化・高度化していくとともに，従来にはなかった多様な金融商品・サービスが新たに提供されるよう

になりました。そのような多種多様な金融商品・サービスを対象として包括的な規制を行うために誕生したのが，2007年に施行された金融商品取引法です。金融商品取引法の施行により，投資家保護や開示制度の拡充，不公正取引への対応の強化も図られました。

　その後，2008年9月には，米国の名門投資銀行であったリーマン・ブラザーズが破綻し，世界規模の信用危機（いわゆるリーマン・ショック）が生じました。この金融危機により，各国規制当局は金融機関への規制を強化し，証券会社を含む世界中の金融機関が今なおそのリスク管理を高度化させる必要に迫られています。なお，リスク管理については，第4章で解説しています。

（4）証券会社の業界地図

　現在の日本における証券会社は，おおむね図表1-1-3のように整理することができます。近年ネット証券会社の台頭が著しく，独立系・銀行系の証券会社がさまざまな形でネット証券ビジネスへ参入していますが，一方で独立系・銀行系・外資系の証券会社はその独自の強みを活かした差別化を図っています。

図表1-1-3　日本の証券会社の分類

	例	特　徴
独立系	• 野村證券株式会社 • 大和証券株式会社 • 東海東京証券株式会社	個人・法人顧客向けの対面営業に強みがある。
銀行系	• 三菱UFJモルガン・スタンレー証券株式会社 • SMBC日興証券株式会社 • みずほ証券株式会社	銀行等のグループ会社と連携した包括的なサービスに強みがある。
ネット証券	• 株式会社SBI証券 • マネックス証券株式会社 • カブドットコム証券株式会社	インターネット取引を通じた手数料の低さに強みがある。
外資系	• ゴールドマン・サックス証券株式会社 • モルガン・スタンレー MUFG証券株式会社 • ドイツ証券株式会社	クロスボーダーの投資銀行業務（資金調達やM&Aの提案など）や海外投資家向けの委託業務に強みがある。

Q1-2 証券会社の業務

証券会社がどのような業務を行っているか教えてください。

Answer Point ☝

- 証券会社の業務にはさまざまな分類方法がありますが，最も一般的な分類は，委託業務，自己売買業務，引受け・売出し業務，募集・売出し業務という分類です。
- その他の主要な業務としては，投資銀行業務が挙げられます。

解 説

　1996年の金融ビッグバン構想，2007年の金融商品取引法施行に伴って，証券会社の行う業務が拡大し，現在の証券会社は非常に多様な業務を行っています。証券会社の業務は，金融商品取引法の各条文（第2条第8項等）において事細かに定められていますが，ここではイメージを掴みやすくするために，以下の区分に従って証券会社の業務を分類します。

（1）委託業務

　委託業務とは，証券会社が顧客（投資家）から有価証券等の売買注文を受け，それを証券取引所等に取り次ぐという，証券会社の代表的な業務です。ブローカレッジ業務と呼ばれることもあります。取り次ぐ金融商品としては，一般的に上場株式ですが，公社債等の債券や上場デリバティブも取り扱っています。

　金融ビッグバンに伴う手数料の自由化により，近年，委託業務からの収入が減少傾向にあります。それとともに，取引執行や情報提供などの面において各種サービスの多様化が進んでおり，顧客ニーズに応じたサービスをどのように提供していくかということが証券会社にとっての課題となっています。なお，

かつては電話による注文が中心でしたが，近年はインターネット取引の割合が増加し，これに応じてネット証券会社の存在感が大きくなっています。

　また，通常の委託売買のほか，証券会社が顧客に信用を供与して取引を行うという信用取引もあります。なお，委託取引についてはQ3-18およびQ3-24で，信用取引についてはQ3-13からQ3-15で解説しています。

（2）自己売買業務

　自己売買業務とは，証券会社が自己資金を使って，金融市場において有価証券等の売買を行う業務です。ディーリング業務とも呼ばれます。市場で売買をして，売買差益を獲得するといったトレーディング業務以外にも，自ら保有する有価証券を顧客に売ったり，市場に流動性が乏しい（取引量が少ない）ときに自ら売買を行うことで流動性を供給したりする場合もあります。近年，株式市場におけるアルゴリズム取引（コンピュータが株価や注文状況などに応じて自動的に売買を繰り返す取引）の主流化や，各種規制の厳格化といった周辺環境の変化によって，証券会社が収益を上げることが難しくなっています。

　委託業務と違って，自己売買業務では証券会社が自ら価格変動のリスクを取る（金融商品の価格変動によって損益に直接影響を受ける）ため，自ら保有するポジションのリスク管理が非常に重要になります。

　また，自己売買業務の付随業務として，現金担保付債券貸借取引（レポ取引）や現先取引があります。レポ取引や現先取引とは，簡単にいうと，債券を貸し借りしたり，債券を担保に資金を貸し借りしたりする取引のことです。レポ取引や現先取引は，資金や債券を調達・運用するという点で重要な取引であり，証券会社は多くのレポ取引や現先取引を行っています。なお，自己売買業務で行う自己勘定取引についてはQ3-18で，レポ取引・現先取引についてはQ3-16およびQ3-17で解説しています。

（3）引受け・売出し業務および募集・売出し業務

　引受け・売出し業務とは，企業や地方公共団体などが株式や債券を新たに発行したり，すでに流通しているものを売ったりする場合に，証券会社がそれらを買い取って投資家に売る業務です。アンダーライティング業務とも呼ばれま

す。

　他方，募集・売出し業務とは，企業や地方公共団体などが株式や債券を新た
に発行したり，すでに流通しているものを売ったりする場合に，証券会社が投
資家に向けて勧誘を行う業務です。セリング業務とも呼ばれます。

　両業務とも企業等の円滑な資金調達を支援する業務ではありますが，引受
け・売出し業務では売れ残った部分の全部または一部を証券会社が引き取らな
ければならないのに対し，募集・売出し業務では証券会社は発行会社からの委
託を受けて販売するだけであるため，売れ残った場合でも引き取る必要があり
ません。なお，これらの業務についてはQ3-26で解説しています。

(4) その他の業務

　証券会社は上記以外にもさまざまな業務を行っていますが，ここでは主要な
例として投資銀行業務を紹介します。

　投資銀行業務とは，米国のInvestment Bank（投資銀行）という言葉が基と
なっており，証券会社が顧客企業に対して行う，①資金調達方法の提案，②企
業買収の調査・提案，③証券化スキームの組成などを指します。従来は欧米の
金融機関が強い分野でしたが，近年では日本企業の海外進出に伴う海外企業の
買収等の増加といった背景もあり，日系証券会社の存在感も高まってきていま
す。

Q1-3 証券会社を取り巻く機関

証券会社を取り巻く各種機関にはどのようなものがありますか。

Answer Point

- 金融市場を効率的に運用するため，金融市場にはさまざまな専門的機関が存在します。
- 証券会社を取り巻く専門的機関の例としては，金融商品取引所・清算機関・決済機関・カストディアン・監督機関などが挙げられます。

解説

　多種多量の金融商品の売買が日々行われる金融市場には，その効率的かつ円滑な運用のために，さまざまな専門的機関が存在します。金融市場の主たる担い手として業務を執り行う証券会社は，それらの専門的機関と多くの関係を持っています。

　たとえば，証券会社が顧客（投資家）から株式の売買注文を受けた場合を考えてみます。取引は，

① 証券会社が顧客（投資家）から注文を受ける
② 証券会社が金融商品取引所（市場）に注文を出す
③ 金融商品取引所が清算機関に取引情報を伝達する
④ 清算機関が債務引受・清算を行い，決済機関に証券・資金の振替指図を通知する。
⑤ 決済機関が決済を行い，証券会社に決済情報を伝達する
⑥ 証券会社が顧客に決済通知をする

という流れになります。

取引の流れを図示すると図表1-3のようになります。

図表1-3 証券会社が顧客（投資家）から株式の売買注文を受けた場合

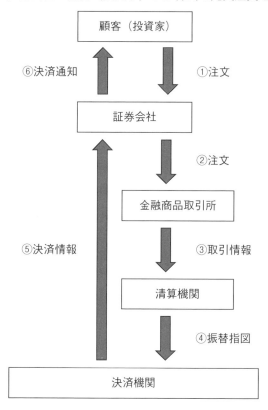

このように証券会社の業務ひとつをとってみても、さまざまな機関が関与していることがわかります。

以下では証券会社を取り巻く各種機関について解説します。

（1）金融商品取引所

株式、債券、デリバティブなどのさまざまな金融商品の市場を提供している機関を金融商品取引所（一般に証券取引所）といいます。日本においては東京証券取引所などが代表的な例です。証券取引所（金融商品取引所）については、

Q1-4もあわせてご参照ください。

(2) 清算機関・決済機関

　金融商品取引所で成立した金融商品の売買注文は，その後「清算」および「決済」を経て，取引が完了します。この清算および決済を専門的に執り行っている機関を，それぞれ清算機関および決済機関といいます。日本における清算機関の代表例は日本証券クリアリング機構（JSCC），決済機関の代表例は証券保管振替機構（JASDEC）です。両機関および取引の流れについては，Q1-5ならびにQ3-2で詳細に解説しています。

(3) その他

① カストディアン

　投資家に代わって有価証券の管理を行う機関のことをカストディアンといいます。日本においては，機関投資家や海外投資家から委託を受けて業務を行う都市銀行や信託銀行がカストディアンの代表例です。カストディアンについては，Q1-5もあわせてご参照ください。

② 規制・監督機関

　上記以外の重要な機関として，規制・監督機関が挙げられます。証券会社は，その業務の特殊性，複雑性，投資家に与える影響の重大性から，さまざまな規制の適用を受けます。そのような規制を設定し，規制に対する遵守状況をモニタリングするのが規制・監督機関です。主要な規制・監督機関としては，金融庁および証券取引等監視委員会や日本証券業協会などが挙げられます。証券会社に対する規制については，Q1-6もあわせてご参照ください。

Q1-4 証券取引所

証券取引所とはどのような機関か教えてください。

Answer Point

- 「証券取引所」という言葉は，旧証券取引法で定義されていた言葉であり，現行の金融商品取引法では「金融商品取引所」と呼ばれます。
- 金融商品取引所とは，有価証券・株式指数デリバティブ・外国為替証拠金取引といったさまざまな金融商品の取引を行う市場を提供する機関を指します。
- 国内や海外には数多くの金融商品取引所があり，さまざまな種類の金融商品を取り扱っています。

解説

（1）証券取引所（金融商品取引所）の役割と意義

「証券取引所」という名前も，前述した証券会社と同様に，旧証券取引法で定義されていた言葉であり，現行の金融商品取引法では「金融商品取引所」と呼ばれます。金融商品取引法において金融商品取引所とは，内閣総理大臣の免許を受けて金融商品市場を開設する金融商品会員制法人または株式会社と定義されています（金商法第2条第16項）。

Q1-3で解説したとおり，金融商品取引所は，証券会社等から出された注文を集めて取引を成立させる市場を提供しており，取引成立後は清算機関に取引情報を伝達します。また，金融商品取引所では，株式・債券等の有価証券に限らず，先物やオプション，外国為替証拠金取引といったさまざまな金融商品が集中して取引されています。金融商品取引所が大量の取引注文を安定的に成

立させることで，金融商品の流動性が高まり，公正な価格の形成が期待されます。

(2) 取引所の種類

日本および海外の主要な金融商品取引所は図表1-4のとおりです。

図表1-4　主要な金融商品取引所

名　称	組織形態	特　徴
東京証券取引所	株式会社	主に内国株式・外国株式・指数先物・指数オプションを取り扱います。なお，これらのうちデリバティブ市場については，2014年3月に大阪証券取引所と統合されました。内国株式については，大企業向けの市場第一部，中堅企業向けの市場第二部，新興企業向けのマザーズ，JASDAQという複数の市場が用意されています。また，プロ投資家向けの市場である，TOKYO PRO Marketおよび TOKYO PRO-BOND Marketも東京証券取引所が運営しています。
大阪取引所	株式会社	主に指数先物・指数オプションを取り扱います。2013年1月に東京証券取引所グループと合併しました。
名古屋証券取引所	株式会社	主に内国株式を取り扱います。
札幌証券取引所	金融商品会員制法人	主に内国株式を取り扱います。
福岡証券取引所	金融商品会員制法人	主に内国株式を取り扱います。
東京金融取引所	株式会社	金利先物・金利オプション・外国為替証拠金取引等を取り扱うデリバティブの総合取引所です。株式そのものは取り扱っていません。取引所為替証拠金取引（くりっく365）が有名です。
ニューヨーク証券取引所（海外）	株式会社	主に米国の株式・債券・先物・オプションを取り扱う，世界最大の証券取引所です。

ロンドン 証券取引所 （海外）	株式会社	主に英国の株式・債券・先物・オプションを取り扱います。
上海 証券取引所 （海外）	非営利法人	主に中国の株式・債券・先物・オプションを取り扱います。
香港 証券取引所 （海外）	株式会社	主に香港の株式・債券・先物・オプションを取り扱います。また，2014年に開始された上海・香港ストック・コネクトにより，海外投資家は香港証券取引所経由で中国市場に上場する株式の取引が可能となっています。
ユーロ ネクスト （海外）	株式会社	アムステルダム，ブリュッセル，パリ，ダブリン，リスボンの証券取引所を運営し，各市場の株式・債券・先物・オプションを取り扱います。

　以上のうち国内の取引所は，金融商品取引法上の金融商品取引所に該当しますが，これら以外に，PTSと呼ばれる私設の電子取引システムがあります。PTSは日中だけでなく，時間外も取引ができるところに特徴・強みがあります。上場株式を例にとると，東京証券取引所の取引時間は午前9時から午後3時（午前11時半から午後12時半を除く）ですが，PTSでは夜間を含む時間外取引が可能です。

　PTSでの取引量は近年拡大傾向にあるものの，2018年現在，PTSを通した上場株式の売買代金は市場全体の5％程度に留まっています（日本証券業協会 PTS Information Network「統計情報」http://pts.offexchange2.jp/ptsinfo/）。

（3）証券取引所（金融商品取引所）を取り巻く環境

①　証券取引所の株式会社化

　2000年5月の証券取引法改正により，証券取引所が株式会社の形態をとることが認められるようになりました。証券取引所を株式会社化することで，システム投資のための資金調達手段の多様化，株主を重視した意思決定の迅速化，情報開示の拡充による経営の透明化などが実現されると考えられます。なお，海外においても，証券取引所は株式会社の形態をとることが一般的になっています。

② 証券取引所（金融商品取引所）の組織再編

　2013年1月に東京証券取引所グループと大阪証券取引所が合併し，株式会社日本取引所グループが発足しました。さらに，2013年7月には大阪証券取引所の現物市場が東京証券取引所の現物市場と統合されました。また，2014年3月には大阪証券取引所が大阪取引所に商号変更されるとともに，東京証券取引所のデリバティブ市場が大阪取引所に統合されました。

　海外では2000年9月にパリ証券取引所，アムステルダム証券取引所，ブリュッセル証券取引所が合併し，ユーロネクストが誕生しました。その後，2007年4月にニューヨーク証券取引所とユーロネクストが合併し，NYSEユーロネクストが誕生しましたが，2013年11月に米国に本部を置く取引所運営会社であるインターコンチネンタル取引所がNYSEユーロネクストを買収，2014年6月にユーロネクストを分離し，現在はそれぞれ独立した取引所として運営されています。

③ 国際競争の激化

　証券取引所をめぐるこのような世界的な再編の背景には，企業活動の国際化や証券取引所間の競争の激化があります。各国の証券市場のインフラが整備される以前は，企業や投資家にとって，自国以外の証券取引所で資金調達したり海外の企業に投資したりすることが難しい時代もありました。しかし，今では海外の証券取引所も視野に入れて選別できる時代になっています。各国の証券取引所は，組織再編を進めることでシステム投資の効率化や取扱金融商品の多様化を図り，競争力を強化する戦略をとっています。東京証券取引所では，2010年1月に「アローヘッド」と呼ばれる高速性・信頼性・拡張性を兼ね備えた株式売買システムが稼動を始めましたが，これも取引所間における競争力の強化を図ったものです。

Q1-5 清算機関・決済機関・カストディアン

清算機関・決済機関・カストディアンとはどのような機関か教えてください。

Answer Point

- 有価証券市場における各参加者の売買取引をつき合わせて，受払いを要する証券および売買代金を確定させるプロセスを清算といいます。清算を専門的に担っている機関を「清算機関」といいます。
- 有価証券市場において，売手と買手との間で売買代金と有価証券の受渡しが行われることを証券決済といいます。証券決済を専門的に担っている機関を「決済機関」といいます。
- 証券口座における有価証券の記録や管理を専門的に行う機関を「カストディアン」といいます。

解　説

（1）清算機関・決済機関・カストディアンの役割

　以下では各機関の役割について解説します。有価証券の受渡しについて，以前は券面（紙ベースの証券現物）で行われていましたが，2000年代に入りペーパーレス化が進み，証券口座間の電子的な名義振替によって有価証券の受渡しがなされています。そのため現在では，清算・証券決済・カストディ（詳細は後述）はすべて電子的に行われることが通常であり，以下の記述は電子的なプロセスを念頭に置いています。

① 清算機関

　有価証券（株式や債券等）の市場取引においては，複数種類の銘柄の売買が日々大量に行われていますが，この大量の取引を円滑に処理するための機関が清算機関です。清算機関は，まずそれらの確定した売買取引から発生した債権債務をまとめて引き受けます。その後，売付・買付数量や支払・受取金額の差額を計算（ネッティング）し，それぞれの市場参加者が決済日に受払いする証券および売買代金を確定させます。この一連のプロセスが「清算」です。

　上述のとおり，清算機関は各市場参加者の債権債務をいったん肩代わりするため，英語ではCentral Counter-Party（CCP）と呼ばれます。

② 決済機関

　清算がなされた後，清算により算出された売買代金と有価証券について，売手と買手との間で受渡しが行われます。この有価証券の受渡しのことを「証券決済」，売買代金の受渡しのことを「資金決済」といいます。市場では証券決済を専門的に実施している機関があり，この機関を決済機関といいます。なお，決済機関が扱うのは有価証券の受渡しのみであり，資金決済については，中央銀行を含む資金決済銀行が口座振替を行う場合が一般的です。

　また，決済機関は参加者の証券口座間で名義振替を行うことにより証券の受渡しを行いますが，それとともに参加者が保有する有価証券を電子的に記録することで，証券の集中保管を行います。決済機関は，英語でCentral Securities Depository（CSD）と呼ばれ，決済機能よりもむしろその保管機能に重点が置かれた名称となっています。

③ カストディアン

　有価証券の数量は，証券口座において記録・管理が行われます。記録・管理には，証券口座の名義書換えだけでなく，株式の配当金や債券の利金の受渡し業務なども含まれます。この記録・管理を行うことをカストディ（Custody）といい，カストディを行う機関をカストディアン（Custodian）といいます。

　市場においては，有価証券の決済（上述②）と決済された有価証券の管理（カストディ）を同時に担っている機関もあり，後述するユーロクリアはその代表

例です。

（2）日本の清算機関・決済機関

　日本国内においては，有価証券の種類ごとに複数の清算機関・決済機関が存在します。清算機関と決済機関および取り扱う有価証券の種類の対応関係は，図表1-5のとおりです。

図表1-5 日本の清算機関・決済機関

	有価証券の種類			
	上場株式等		債券等 （国債除く）	国債
	取引所取引	取引所取引 以外		
清算機関	日本証券 クリアリング機構 （JSCC）	ほふり クリアリング （JDCC）	なし	日本証券 クリアリング機構 （JSCC）
決済機関	証券保管振替機構（JASDEC）			日本銀行

（3）海外の決済機関

　海外の代表的な決済機関としては，DTCC（The Depository Trust and Clearing Corporation）やユーロクリア（Euroclear）などが挙げられます。

　DTCCは米国の証券決済グループであり，中核のDTC（The Depository Trust Company）は，株式，社債，投資信託など種々の金融商品の決済を行っています。

　ユーロクリアはブリュッセルに本社を置く，資金決済（現金の受渡し）・証券決済・カストディなど幅広い役割を担っている欧州最大の総合決済機関です。

Q1-6　証券会社に対する規制

証券会社に対する規制にはどのようなものがありますか。

Answer Point ☝ ·····················

- ・最も重要な規制は金融商品取引法上の規制です。主に開業規制・行為規制・経理規制に分類することができます。
- ・金融商品取引法の規制以外にも，海外の法令も含めて，種々の法による規制があります。
- ・監督機関による規制もあります。主要な監督機関は金融庁・証券取引等監視委員会と日本証券業協会です。

(1) 金融商品取引法上の規制

　前述のとおり，証券会社は金融商品取引法上の第一種金融商品取引業者であり，証券会社に対する規制として最も重要な位置を占めるのは，金融商品取引法上の規制です。金融商品取引法においては，さまざまな規制が設けられていますが，以下では主要な項目について解説を行います。

① 開業規制

　金融商品取引法第28条は，金融商品取引業を，(a)第一種金融商品取引業，(b)第二種金融商品取引業，(c)投資助言・代理業，(d)投資運用業の4種類に分類した上で，それぞれの区分で行うことができる業務を定めています（Q1-1参照）。ここで，同法第29条は，金融商品取引業を行うためには内閣総理大臣の登録を受けなければならないと定めており，金融商品取引業者として登録を行わないと業務ができないという入口での規制が存在します。なお，4種類の区

分に応じて登録要件・登録拒否要件の程度が異なり，第一種金融商品取引業については，その業務範囲の広さ・業務内容の社会的重要性に鑑みて，最も厳格な要件となっています。

② 行為規制

金融商品取引業者が業務を行うにあたっては，図表1-6-1のようなさまざまな行為規制が存在します。

図表1-6-1 金融商品取引法上の主な行為規制

規制	金商法条文	内 容
書面交付義務および説明義務	37条の3 37条の4	契約締結前や契約締結時に，顧客に対して，取引によって損失が生じるリスク等，法令で定められた事項を書面で交付することが義務づけられています。
インサイダー取引の未然防止	38条	顧客に対して，発行者の法人関係情報を提供して勧誘を行うこと等が禁止されています。
損失補てん等の禁止	39条	顧客に損失が生じたり，あるいは利益が定めた水準に達しなかったりする場合に，その補てんを約束することおよび実際に補てんを行うことが禁止されています。損失補てんは1990年代初頭のバブル崩壊時に社会問題となった行為です。
適合性原則の遵守義務	40条	顧客の知識・経験・財産の状況および取引目的に照らして，不適当と認められる勧誘を行うことが禁止されています。
分別管理義務	43条の2 43条の3	顧客から預かった資産（金銭・有価証券）を自己の財産と分別して，適切に管理することが義務づけられています。分別管理については，第6章で詳細に解説しています。

③ 経理規制

また，証券会社の経理に関しては，図表1-6-2のような規制が存在します。

図表1-6-2　金融商品取引法上の主な経理規制

規制	金商法条文	内　容
法定帳簿	46条の2	一定の帳簿書類を作成して保存することが義務づけられています。
金融商品取引責任準備金	46条の5	取引量に応じて一定の準備金を積み立てることが義務づけられています。金融商品取引責任準備金については，Q3-28で詳細に解説しています。
自己資本規制比率	46条の6	一定の水準の自己資本を保ち，また報告することが義務づけられています。自己資本規制比率については，第5章で詳細に解説しています。

（2）その他の法律上の規制

　証券会社には，金融商品取引法以外にも種々の法律の規制が適用されます。株式会社であれば会社法に従う必要があるといった一般的な規制以外に，特徴的な規制として以下があります。

① 　金融商品の販売等に関する法律（金融商品販売法）
　金融商品の販売を行う業者に対する説明義務や損害賠償責任等を定めた法律です。上述した金融商品取引法の説明義務と重複する部分もありますが，金融商品取引法の違反が行政処分や刑事罰に帰結するのに対し，同法は損害賠償責任等の私法上の効果をもたらす点で大きく異なります。

② 　犯罪による収益の移転防止に関する法律（犯罪収益移転防止法）
　マネーロンダリングやテロリストへの資金供与を防止するための法律です。取引開始時の本人確認に加え，疑わしい取引があった場合は当局に届出を行う必要があります。

（3）関係機関による規制

　上述の法律上の規制以外に，証券会社を取り巻く関係機関による規制があります。主要な関係機関として，①金融庁および証券取引等監視委員会，②日本

証券業協会，③金融商品取引所，④日本銀行などが挙げられます。以下では①と②について解説します。

①　金融庁および証券取引等監視委員会

　金融庁長官は内閣総理大臣より金融商品取引法に係る執行権限を委任されており（金商法第194条の7第1項），また，証券取引等監視委員会は金融庁長官より検査権限を委任されています（金商法第194条の7第2項）。したがって，証券取引等監視委員会は定期的に証券会社を立入検査し，またその業務に関する報告を証券会社に求めることで，法令遵守状況をチェックしています。

　近年，国際的に当局による規制および検査が厳格化しているという背景もあり，証券会社はこれらの検査対応に多くの時間と労力を割いています。

②　日本証券業協会

　日本証券業協会は，「協会員の行う有価証券の売買その他の取引等を公正かつ円滑ならしめ，金融商品取引業の健全な発展を図り，もって投資者の保護に資すること」（日本証券業協会定款第6条）を目的として設立された自主規制団体です。

　日本証券業協会は，統一経理基準（第2章参照）といった経理の指針や，「顧客資産の分別管理の適正な実施に関する規則」といった分別管理のルールなどの自主規制規則を定めているほか，証券会社における法令等の遵守状況をモニタリングしています。規制当局だけではきめ細やかなチェックができないこともあるので，公正かつ円滑な市場運営には日本証券業協会の役割も欠かせません。

（4）海外の規制

　以上解説してきたのは国内における規制ですが，これ以外にも外国口座税務コンプライアンス法（FATCA）やドッド・フランク・ウォール街改革・消費者保護法，バーゼル規制といった海外の規制も存在します。これらについても，国際的な業務をしている証券会社を中心に，各種規制対応に向けた内部統制の構築といった対応が必要になります。

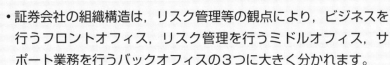

証券会社の組織構造はどのようになっていますか。

Answer Point

- 証券会社の組織構造は，リスク管理等の観点により，ビジネスを行うフロントオフィス，リスク管理を行うミドルオフィス，サポート業務を行うバックオフィスの3つに大きく分かれます。
- また，前述の各組織から独立して，組織の監督を行う内部監査部門が設けられています。
- それぞれの部門（オフィス）が権限と責任範囲を限定し，職務分掌を明確化することで，相互に牽制機能を働かせています。

解説

　証券会社の組織構造はリスク管理，ガバナンスの観点から図表1-7のように表すことができます。以下では一般的な区分を示していますが，実際の業務区分や呼称は，会社によって異なる場合もあります。

(1) フロントオフィス

　証券会社では，顧客や市場と相対してビジネスを行っている部門を総称して，フロントオフィスと呼ぶことが一般的です。たとえば，対顧客あるいは対市場の取引を行うトレーディング部門や，顧客に対する営業を行うセールス部門がこれに該当します。また，投資銀行業務であれば，M&Aアドバイザリー部門や証券化商品部門がこれに該当します。さらには各地域で個人顧客へセールスを行う支店営業部門もフロントオフィスの一部といえます。これらの部門は対外的な取引を実行することで，証券会社の収益を生み出しています。

図表1-7 証券会社の組織構造

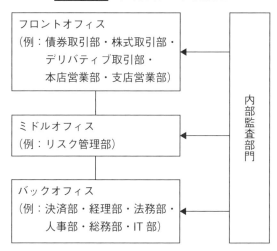

(2) ミドルオフィス

　フロントオフィスが保有している有価証券やデリバティブのポジションから発生する市場リスクや信用リスクをモニタリングしている部門のことを，一般にミドルオフィスと呼びます。ミドルオフィスでは取引上限値（リミット）を設定し，リスクエクスポージャーがリミットを超えることによって証券会社が過度なリスクをとることのないように，日々の取引やポジションをモニタリングしています。また，金融商品の時価，時価計算に用いた計算モデルやインプットの妥当性を検討することもミドルオフィスの重要な役割の1つです。

(3) バックオフィス

　フロントオフィス，ミドルオフィス以外の部門を総称して，一般にバックオフィスと呼びます。フロントオフィスが実行した取引をバックオフィスで決済し，会計処理を行うことで，証券会社のポジションや損益を日々算定しています。一方で，バックオフィスはリーガルリスクを管理する法務部や，人件費の計算や人事採用を統括する人事部，会社の設備およびITを管理する総務部やIT部などのサポート部門を含みます。

(4) 内部監査部門

　内部監査部門は，経営の透明性や効率性を高める目的で，前述の組織からは独立した形で設置されます。通常の場合，経営層（取締役会等）の直下に内部監査部門が置かれ，定期的に各部門の監査を行ってその結果を経営層に直接報告しています。

　証券会社では，フロントオフィス，ミドルオフィスおよびバックオフィスの業務は明確に区別され，互いに牽制機能を発揮するように組織設計されています。それに加えて，いずれの組織にも属さない内部監査部門が監査を行うことで，実効性のあるガバナンスの構築を図っています。

Q1-8 証券会社の現状と課題

証券会社の現状と課題について教えてください。

Answer Point 👆

- 昨今の市場環境の好転により，日本の証券会社の収益力は改善する傾向にあります。ただし，新型コロナウイルスの影響により先行き不透明感が生じています。
- 近年，証券会社に対する規制環境は厳しくなっていますが，金融市場の安定のためにも，証券会社は各種規制に対応していかなければなりません。
- 金融商品や情報通信技術等の発展・高度化に伴う業務の多様化・複雑化に適時に対応する必要があります。また，リスク管理を適切に行うことも重要な課題です。

解説

（1）証券会社の現状

　日本の各証券会社の業績はおおむね良好な推移をたどってきました。2016年の海外経済の変調やイギリスのEU離脱問題等により，一時的な落込みがみられたものの，その後は市場環境の好転を受けて回復し，2018年3月期の決算においては主要証券会社が軒並み最終増益を達成しました。近年では，これまで投資から遠ざかっていた個人顧客が市場に回帰したことでリテール・ビジネスが好調となっており，上記決算においてもリテールを主力とする中堅・中小証券ほど増益率が高くなっています。

　しかし，各証券会社も決して楽観できるという状況ではありません。通常の委託業務は手数料自由化により厳しい競争環境にあり，新たな収益の柱として

期待されていた投資信託関連手数料は必ずしも順調に推移しているわけではあ
りません。それに加えて，証券会社を取り巻く各種規制の厳格化により，自己
勘定取引で大きなリスクをとることが難しくなり，トレーディングで大きく稼
ぐという戦略もとりにくい環境にあります。さらに2020年2月以降，新型コロ
ナウイルスの影響により，各種金融指標の乱高下が続き，経済活動の停滞から
資本市場での資金調達ニーズが減退するなど，証券会社の収益環境に不透明感
が生じています。

　そのような状況のなか，証券会社は，魅力的な商品設計，長期的な顧客志向
の提案，販売チャネルの多様化などを通して，投資家の裾野を拡大していくこ
とが今後の重要な課題となっています。2017年度末現在でも日本の家計金融資
産の半分以上が預金・現金であることを考えると，従来からいわれている「貯
蓄から投資へ」という標語は，今でもなお証券会社にとって重要なものである
といえます。

(2) 規制環境への対応

　2008年の世界信用危機（リーマン・ショック）では，巨額の損失による自己
資本の毀損が多くの金融機関を経営危機や破綻に追い込み，さらには金融シス
テム全体に甚大な影響を及ぼすに至りました。そのため，リーマン・ショック
直後は，特に自己資本の充実に向けた各国当局による規制強化が進められ，金
融機関の財務体質改善に一定の成果がみられています。

　こうした財務体質改善や前述のようなリテール回帰を踏まえ，近年の規制
は，定量的なリスク計測に留まらないリスク管理態勢の構築（リスク・アペタ
イト・フレームワークの構築等）や，顧客に対する行動規範（コンダクトリス
ク等）の強化に舵を切りつつあります。

　証券会社は，規制への対応にこれまでも相当程度の時間と労力を費やしてお
り，このような規制を「過度な規制である」として反発する向きも一部にはあ
ります。しかし，各金融機関が複雑に絡み合っている現代の金融市場において
は，1つの会社の倒産，1つの事象が世界中の金融機関に波及することも十分
に考えられます。そのような状況で，公正かつ円滑な金融市場を保持するに
は，各金融機関の適切なリスク管理と法令遵守が必要不可欠であり，日本の証

券会社も例外ではありません。

（3）顧客サービスや内部管理の多様化・複雑化と適切なリスク管理

　昨今の証券会社は，顧客のニーズに対応すべく，多種多様のユニークな金融商品を生み出してきました。2008年の世界信用危機以降は，顧客が複雑なリスク特性の商品を嫌う傾向にあり，また各種規制等の影響で証券会社が自らリスクをとることが難しくなっていることから，複雑な金融商品の市場規模は縮小する傾向にあります。しかし，顧客のニーズにきめ細やかに対応できる商品開発力は引き続き重要です。また，近年の情報通信技術や人工知能（AI）の発展に伴い，これを顧客サービス（投資ロボ・アドバイザーなど）だけでなく，証券会社自身の業務効率化等（定型作業の自動化など）に活用する動きも活発であり，証券会社では，顧客に提供する金融商品やサービスのみならず，内部管理においても多様化・複雑化が進むものと考えられます。

　こうした多様化・複雑化に伴って重要性を増してくるのがリスク管理の問題です。たとえば，2008年の世界信用危機は，米国のサブプライム・ローンを組み込んだ証券化金融商品に対するリスク管理が不完全であったことが，原因の1つであるとされています。過去データを用いた統計的手法によるリスク管理は強固で磐石なものだと思われていましたが，相場が急激に一方向に動く展開では必ずしも有効でないことを市場参加者は経験しました。また，世界信用危機の後も，金融機関が過大なリスクをとったことにより，巨額の損失が発生したという事例は後を絶ちません。

　リスク管理の問題自体は古くからある問題ですが，取引環境・規制環境の変化や技術の発展が進むなかで，証券会社はそのリスク管理手法の高度化や，リスクのコントロール強化などにより，常にリスク管理を進化させ続ける必要があります。なお，リスク管理については，第4章で解説しています。

第2章

会計の特徴

第2章では，証券業の会計について概略を解説します。証券会社は，金融商品取引業者等として金融商品取引法の適用を受け，一般事業会社と異なる証券会社固有の財務諸表の表示，科目等が使用されます。また，証券会社が備え付ける法定帳簿についても定められています。本章では，この証券会社固有の部分について概略を説明します。

なお，個別具体的な論点については，第3章にて説明します。

Q2-1 証券会社の会計に関する法令等

証券会社の会計処理や表示および開示に関する法令などには，どのようなものがありますか。

Answer Point

- 証券会社は，会社法の適用を受け，また，有価証券報告書提出会社は金融商品取引法の適用を受け財務諸表等を作成します。一方で証券会社は金融商品取引業者等として業法である金融商品取引法の適用を受けます。
- 証券会社は，金融商品取引法の規定により，事業報告書を毎年作成し，内閣総理大臣に提出しなければなりません。また，証券会社は会社計算規則および財務諸表等規則で定める別記事業に該当するため，統一経理基準を参考にして財務諸表を作成します。
- 証券会社は，業務に関する帳簿書類を作成，保存する義務がありますが，このような帳簿書類を一般的に「法定帳簿」と呼びます。法定帳簿の作成，保存に不備があると，懲役刑，罰金刑が科される場合があります。

解 説

(1) 金融商品取引業者

証券会社では，（有価証券の取次ぎやトレーディング業務等の）金融商品取引業を行います。これらの金融商品取引業は，内閣総理大臣の登録を受けた者でなければ行うことができません。この登録を受けた者を「金融商品取引業者」といい，証券会社には「金融商品取引業者」として金融商品取引法に従った報告義務が生じます。ここでは財務報告義務について解説します。

　金融商品取引法第46条の3第1項によれば，証券会社は事業年度ごとに事業報告書を作成し，毎事業年度経過後3カ月以内に内閣総理大臣に提出しなければなりません。また，事業報告書は，一般に公正妥当と認められる企業会計の慣行に従って作成されます（金商業等府令第172条第2項）。

(2) 統一経理基準

　日本証券業協会が定める「有価証券関連業経理の統一に関する規則」（昭和49年11月14日付日本証券業協会自主規制規則）（以下，「統一経理基準」という）があります。これは，証券会社が行う金融商品取引業の財政状態や経営成績を適切に開示するために設けられた基準であり，一般事業会社では見慣れない，証券会社特有の勘定科目等が登場します。

　なお，上場証券会社の場合には，有価証券報告書の作成が必要です。一般的な上場会社の場合，財務諸表等規則に従った財務諸表を作成しますが，証券会社は「別記事業」という特別枠として整理されているため（財務諸表等規則第2条），有価証券報告書は「統一経理基準」を参考にして作成されます。また，会社法においても，別記事業を営む会社の計算関係書類についての特例が設けられているため（会社計算規則第118条），会社法で要求される計算書類も統一経理基準を参考にして作成されます。

　なお，統一経理基準には，有価証券関連業に固有の勘定科目とその内容および計上基準が示されていますが，ここに記載のない勘定科目等については，一般に公正妥当と認められる企業会計の基準に従って作成します。したがって，通常はまず統一経理基準が優先されますが，ここに記載がない場合には，企業会計原則（企業会計審議会），企業会計基準，企業会計基準適用指針，実務対応報告（企業会計基準委員会），日本公認会計士協会から公表されている実務指針等に基づいて作成する必要があります。

(3) 法定帳簿

　証券会社には，業務に関する帳簿書類を作成，保存する義務があります（金商法第46条の2，第47条，第48条）。これを一般的に法定帳簿と呼びます。具体的には金融商品取引業等に関する内閣府令第157条に規定されていますが，

注文伝票，取引日記帳，顧客勘定元帳，保護預り有価証券等明細簿，トレーディング商品勘定元帳等が代表的な法定帳簿です。

　また，法定帳簿によって保存期間は異なります。顧客への交付書面等については5年間，注文伝票については7年間，その他の帳簿書類（取引日記帳，各種取引記録および顧客勘定元帳等）については10年間保存しなければならないとされています（金商業等府令第157条第2項）。

　法定帳簿を作成もしくは保存せず，または虚偽の法定帳簿を作成した場合には，懲役もしくは罰金が科せられます（金商法第198条の6第3号，第207条第1項第4号）。

Q2-2　証券会社の勘定科目

証券会社に特有の勘定科目には，どのようなものがありますか。

Answer Point

- 証券会社の財務報告は，統一経理基準を参考に作成されることから，一般事業会社とは異なる勘定科目が用いられます。
- 統一経理基準においては，担保注記のように，証券業に特有の注記事項についても列挙されています。

解　説

(1) 貸借対照表および損益計算書

　統一経理基準では，Ⅰ貸借対照表科目に関する有価証券関連業固有の勘定科目とその内容・計上基準，Ⅱ損益計算書科目に関する有価証券関連業固有の勘定科目とその内容・計上基準，Ⅲ経理処理等，財務諸表参考様式，主な注記事項，主な販売費・一般管理費に属する勘定科目とその内容が定められています。

　ここでは証券会社の貸借対照表および損益計算書における固有の勘定科目，主な注記のうち担保注記について概観します（図表2-2-1，2-2-2）。

　なお，有価証券関連業固有の勘定科目の計上基準，経理処理等については第3章以降において説明します。

図表2-2-1 貸借対照表

科 目	内 容
資産の部	
【流動資産】	
預託金	
顧客分別金信託	金商法第43条の2第2項の規定に基づき，国内において信託会社等に信託している顧客分別金信託額（金銭の信託にかかるものに限る。）
金融商品取引責任準備預託金	金融商品取引業協会の規則に基づき，同協会に預託している金融商品取引責任準備預託金
その他の預託金	金融商品取引所（外国金融商品取引所を含む。以下同じ。），金融商品取引業協会及び取引参加者協会等の機関・団体等の規則により預託している「金融商品取引責任準備預託金」以外の預託金
トレーディング商品	
商品有価証券等	トレーディングの目的をもって自己の計算により売買した有価証券（引受契約に係るものを含む。）及びその他の商品で，約定基準により認識したロング・ポジション
デリバティブ取引	トレーディングの目的をもって自己の計算により契約した先物取引，先渡取引，オプション取引，スワップ取引等のデリバティブ取引について，公正価値により評価した正味の債権
約定見返勘定	「トレーディング商品」に属する商品有価証券等の売却に係る約定代金相当額を，取引約定日から受渡日までの間経理処理する当該「トレーディング商品」の見合勘定
信用取引資産	
信用取引貸付金	顧客（他の金融商品取引業者を含む。以下同じ。）の信用取引に係る有価証券の買付代金相当額
信用取引借証券担保金	貸借取引により証券金融会社に差し入れている借証券担保金及び他の金融商品取引業者に差し入れている担保金でこれと同様の性質を有するもの
有価証券担保貸付金	
借入有価証券担保金	債券貸借取引等の消費貸借契約に基づき借り入れた有価証券の担保として，当該取引相手方に差し入れてい

科　目	内　容
	る取引担保金
現先取引貸付金	売戻条件付債券等売買取引（買現先）に係る受渡代金相当額及び差し入れている取引担保金
立替金	
顧客への立替金	買付代金の立替え及び売却代金の先払い等の顧客への一時的な立替金（金商法第35条第2項に規定する届出業務に係る立替えを除く。）
その他の立替金	公社債の元利金支払い及び投資信託の収益分配金支払いの立替え等の一時的な立替金並びに「顧客への立替金」以外の立替金
募集等払込金	発行会社等に支払う引受け，売出し（有価証券の買付けの申込み又は売付けの期間を定めて行うものに限る。）又は特定投資家向け売付け勧誘等及び募集若しくは売出しの取扱い又は私募若しくは特定投資家向け売付け勧誘等の取扱いに係る有価証券の申込証拠金又は払込金
短期差入保証金	
発行日取引差入証拠金	発行日取引に関し，金融商品取引清算機関又は他の金融商品取引業者に差し入れている売買証拠金
信用取引差入保証金	貸借取引又は信用取引に関し，証券金融会社又は他の金融商品取引業者に差し入れている保証金
先物取引差入証拠金	先物取引に関し，金融商品取引所又は金融商品取引清算機関に差し入れている取引証拠金又は他の金融商品取引業者に差し入れている委託証拠金（顧客から受け入れた証拠金で金融商品取引所又は金融商品取引清算機関へ直接預託した額を除く。）
有価証券引渡票支払金	売付証券の引渡遅延により，金融商品取引清算機関又は買方会員に預託している受渡代金相当額
その他の差入保証金	（＊）証券業特有の勘定科目ではないため，説明を省略している。
有価証券等引渡未了勘定	有価証券の取引において，当該有価証券の受け方に対し予定されていた決済日が経過したにもかかわらず，対象有価証券を受け渡すことが出来なかった場合において，当該受渡しを履行していた場合に受け取るべき受渡代金相当額について，当該受渡不履行が解消されるまでの間経理処理する経過勘定

科　目	内　容
支払差金勘定	金融商品取引所又は金融商品取引清算機関を経由して支払った発行日取引又は先物取引に係る清算差金又は引直差金及び更新差金並びに金融商品取引所に支払った発行日取引の更新差金等

科　目	内　容
負債の部	
【流動負債】	
トレーディング商品	
商品有価証券等	トレーディングの目的をもって自己の計算により売買した有価証券及びその他の商品で約定基準により認識したショート・ポジション
デリバティブ取引	トレーディングの目的をもって自己の計算により契約した先物取引，先渡取引，オプション取引，スワップ取引等のデリバティブ取引について，公正価値により評価した正味の債務
約定見返勘定	「トレーディング商品」に属する商品有価証券等の買付に係る約定代金相当額を，取引約定日から受渡日までの間経理処理する当該「トレーディング商品」の見合勘定
信用取引負債	
信用取引借入金	証券金融会社からの貸借取引に係る借入金及び他の金融商品取引業者からの信用取引による借入金
信用取引貸証券受入金	顧客の信用取引に係る有価証券の売付代金相当額
有価証券担保借入金	
有価証券貸借取引受入金	債券貸借取引等の消費貸借契約に基づき貸し付けた有価証券の担保として当該取引相手方より受け入れている取引担保金
現先取引借入金	買戻条件付債券等売買取引（売現先）に係る受渡代金相当額及び受け入れている取引担保金
預り金	
顧客からの預り金	有価証券の売買等に伴う顧客からの一時的な預り金
募集等受入金	顧客から受け入れた引受け，売出し（有価証券の買付けの申込み又は売付けの期間を定めて行うものに限る。）又は特定投資家向け売付け勧誘等及び募集若しくは売出しの取扱い又は私募若しくは特定投資家向け

科　目	内　容
	売付け勧誘等の取扱いに係る有価証券の申込証拠金又は払込金
その他の預り金	（＊）証券業特有の勘定科目ではないため，説明を省略している。
受入保証金	
発行日取引受入保証金	顧客から発行日取引の委託保証金として受け入れている現金
信用取引受入保証金	顧客から信用取引の委託証拠金として受け入れている現金
先物取引受入証拠金	顧客から先物取引の委託証拠金として受け入れている現金（金融商品取引所又は金融商品取引清算機関へ直接預託した額を除く。）
有価証券引渡票受入金	買付証券の受入遅延により，売方会員から預託を受けている受渡代金相当額（金融商品取引所を経由するものを含む。）
その他の受入保証金	（＊）証券業特有の勘定科目ではないため，説明を省略している。
有価証券等受入未了勘定	有価証券の取引において，当該有価証券の決済日が経過したにもかかわらず，渡し方が当該有価証券の受渡しを履行しなかった場合において，当該受渡しが履行されていた場合に支払うべき受渡代金相当額について，当該受渡不履行が解消されるまでの間経理処理する経過勘定
受取差金勘定	金融商品取引所又は金融商品取引清算機関を経由して受け入れた発行日取引又は先物取引に係る清算差金又は引直差金及び更新差金等
【固定負債】	
金融商品取引責任準備金	金商法第46条の5の規定に基づき，事故による損失に備えるために留保した準備金

（出所：統一経理基準　Ⅰ貸借対照表科目に関する有価証券関連業固有の勘定科目とその内容・計上基準）

図表2-2-2　損益計算書

区　分	内　　容
営業収益	
受入手数料	
委託手数料	委託手数料，媒介手数料等有価証券等の売買又はデリバティブ取引等の媒介，取次ぎ又は代理を行ったことにより顧客又は他の金融商品取引業者から受け入れる手数料
引受け・売出し・特定投資家向け売付け勧誘等の手数料	有価証券の引受け，売出し（有価証券の買付けの申込み又は売付けの期間を定めて行うものに限る。）又は特定投資家向け売付け勧誘等を行ったことにより発行会社等から受け入れる手数料
募集・売出し・特定投資家向け売付け勧誘等の取扱手数料	有価証券等の募集若しくは売出しの取扱い又は私募若しくは特定投資家向け売付け勧誘等の取扱いを行ったことにより引受会社等から受け入れる手数料（投資信託の受益証券に係る解約報酬及び期末報酬を除く。）
その他の受入手数料	信用取引管理費，保護預り口座管理料，累投口座管理料，名義書換等の手続料，届出業務による受入手数料，債券等の償還金取扱手数料，融資あっせん手数料，投資信託の受益証券等に係る解約報酬及び期末報酬，有価証券引渡票に基づく品貸料，店頭取引に関する受渡遅延料その他「委託手数料」，「引受け・売出し・特定投資家向け売付け勧誘等の手数料」及び「募集・売出し・特定投資家向け売付け勧誘等の取扱手数料」以外の営業に関する受入手数料
トレーディング損益	トレーディング目的をもって自己の計算により売買した有価証券その他の商品に関する取引損益，トレーディングの目的をもって自己の計算により契約したデリバティブ取引に関する取引損益，外国通貨に係る損益，並びにこれらのポジション評価損益
金融収益	
信用取引収益	信用取引又は貸借取引により発生した受取利息及び品貸料（トレーディング損益にかかるものを除く。）
現先取引収益	現先取引により発生した収益
有価証券貸借取引収益	有価証券貸借取引により発生した収益
受取配当金	「トレーディング商品」等から生じる受取配当金

区　分	内　容
受取債券利子	資産の部の債券等に係る受取利子（源泉所得税を含む。）及び受取経過利子
収益分配金	「トレーディング商品」等から生じる収益分配金
受取利息	貸付金（コール・ローン，MMF等のキャッシング及び保護預り有価証券担保貸付を含む。）に対する受取利息
その他の金融収益	上記以外の金融収益
営業収益	受入手数料，トレーディング損益，金融収益の合計額
金融費用	
信用取引費用	信用取引又は貸借取引により発生した支払利息及び品借料
現先取引費用	現先取引により発生した費用
有価証券貸借取引費用	有価証券貸借取引により発生した費用
支払債券利子	負債の部の債券等に係る支払債券利子及び支払経過利子
支払利息	借入金（当座借越し及びコール・マネーを含む。）等に対する支払利息
その他の金融費用	上記以外の金融費用
純営業収益	営業収益から金融費用を控除したもので，一般事業会社の売上総利益に相当する
販売費・一般管理費	
取引関係費	（＊）証券業特有の勘定科目ではないため，説明を省略する。
人件費	（＊）証券業特有の勘定科目ではないため，説明を省略する。
不動産関係費	（＊）証券業特有の勘定科目ではないため，説明を省略する。
事務費	（＊）証券業特有の勘定科目ではないため，説明を省略する。
減価償却費	（＊）証券業特有の勘定科目ではないため，説明を省略する。
租税公課	（＊）証券業特有の勘定科目ではないため，説明を省略する。
貸倒引当金繰入れ	（＊）証券業特有の勘定科目ではないため，説明を省略する。

区　　分	内　　容
‥	
営業利益（又は営業損失）	
営業外収益	
営業外費用	
経常利益（又は経常損失）	
特別利益	
金融商品取引責任準備金戻入	金商法第46条の5第2項の規定に基づき金融商品取引責任準備金から戻入した額
特別損失	
金融商品取引責任準備金繰入れ	金融商品取引責任準備金に繰り入れた額
税引前当期純利益（損失）	
法人税，住民税及び事業税	
法人税等調整額	
当期純利益又は当期純損失	

（出所：統一経理基準　II損益計算書科目に関する有価証券関連業固有の勘定科目とその内容・計上基準）

（2）主な注記

　統一経理基準では主な注記事項が列挙されていますが，証券会社の場合，日常的に有価証券等の差入れ，受入れが大量に行われているため，特有の注記となっています。これには，次が含まれます。

---

4. 有価証券等を差し入れた場合等
　概ね以下のケースに該当する手持ちの有価証券等については，時価額を注記すること。
　(1) 信用取引貸証券
　(2) 信用取引借入金の本担保証券
　(3) 消費貸借契約により貸し付けた有価証券
　(4) 現先取引で売却した有価証券（銘柄後決め方式の場合については，

割当を受け，実際に差し入れた有価証券の時価を注記する。）

(5)　差入証拠金代用有価証券（顧客の直接預託にかかるものを除く。）

(6)　差入保証金代用有価証券

(7)　長期差入保証金代用有価証券

(8)　その他担保として差し入れた有価証券

(9)　顧客分別金信託として信託した有価証券

5.　有価証券等の差入れを受けた場合等

　概ね以下のケースのように，担保として差入れを受けた有価証券等については，その時価額を財務諸表に注記すること。

(1)　信用取引貸付金の本担保証券

(2)　信用取引借証券

(3)　消費貸借契約により借り入れた有価証券

(4)　現先取引で買い付けた有価証券（銘柄後決め方式の場合を除く。）

(5)　受入証拠金代用有価証券（再担保に供する同意を得たものに限る。）

(6)　受入保証金代用有価証券（再担保に供する同意を得たものに限る。）

(7)　その他担保として受け入れた有価証券で，自由処分権の付されたもの

（出所：統一経理基準　財務諸表参考様式　I　主な注記事項）

第3章

証券業に特有の個別論点

第3章では，証券業に特有の個別論点について解説します。証券会社は，さまざまな相手先と日々，大量の有価証券を売買しています。また，証券会社は有価証券を貸し借りしたり，資金の担保として保有している有価証券を運用したりしています。この章では，証券市場や取引の種類について解説するとともに，証券会社がそれらの取引をどのように処理しているかについて，約定から決済までの流れに沿って解説します。また会計上，それらの取引をどのように記録しているかについて説明します。さらに，空売りや，担保として預かった有価証券の概要や会計処理についても紹介します。

1 有価証券の取引

Q3-1 証券市場，取引の種類

証券市場と取引の種類について，具体的に教えてください。

Answer Point 👆

- 証券市場は，その機能上，発行市場と流通市場に大別されます。
- 発行市場とは，発行体の資金調達を目的として新規に証券の発行がなされる市場のことをいいます。流通市場とは，既発の証券の取引がなされる市場のことをいいます。
- 流通市場は，取引所を通じるかどうかで，「取引所取引」と「取引所外取引」の2つに分類されます。また計算主体により，証券会社が顧客の注文に応じて顧客の計算で行う「委託取引」，証券会社が自己の計算で行う「自己勘定取引」の2つに分類されます。

（1）証券市場

証券市場は，その機能上，①発行市場，②流通市場に大別されます。

① 発行市場

発行市場とは，発行体の資金調達を目的として新規に証券の発行がなされる市場のことをいいます。発行体から直接，もしくは証券会社等を通じて投資家に一次取得される市場のことであり，取引所取引のような具体的な市場のない抽象的な市場のことです。

② 流通市場

　流通市場とは，既発の証券が投資家間で売買され，流通する市場のことをいいます。発行市場と違い，取引所のような具体的な市場があります。

(2) 流通市場での取引の種類

① 取引所を通じるかどうかによる取引の分類

　流通市場での取引には，取引所を通じた取引かどうかで，「取引所取引」と「取引所外取引」の2つに分けられます。

　(a) 取引所取引

　取引所取引とは，取引所を通じた取引のことをいいます。取引所取引で取引される証券の代表例は，上場株式です。取引所で取引できるのは，取引所が定める一定の基準（参加資格）を満たす証券会社であり，投資家および参加資格のない証券会社等は参加資格のある証券会社を通じて取引を行います。

　取引所取引は「立会内取引」と「立会外取引」に分類されます。立会内取引とは，売買が行われる所定の時間（売買立会時間）で執行される取引のことであり，また立会外取引とは売買立会の時間外で執行される取引のことです。たとえば，大口の取引では，立会内取引では大量売却に伴い値崩れや売れ残りが生じる可能性があり，それらを避けるために立会外取引が選択されることがあります。

　(b) 取引所外取引

　取引所外取引とは取引所以外で取引される取引のことで，市場外取引とも呼ばれます。証券会社同士，または顧客と証券会社の相対取引である店頭取引が代表的で，日本国債の取引はほとんどがこの店頭市場で行われています。また，上場株式などで証券会社が顧客注文同士を付け合わせる取引，私設取引システム（PTS）での取引などもあります。

　取引所外取引を利用することにより，投資家は取引所を経由することによるコストを回避しながら機動的に売買を行うことができるので，特に大口投資家にとってメリットがあります。一方で，取引所集中原則が崩れることにより，取引所における証券の価格形成の透明性が失われ円滑な取引が阻害されるというデメリットもあるとされています。そのため，証券会社は同時に多数の者に

対し，上場株券等の売買の申込みを行った場合，原則として取引成立後5分以内に日本証券業協会にその内容を報告し，日本証券業協会が銘柄，売買の別，価格，数量，申込みの時刻を公表することになっています。

② 取引主体による取引の分類

流通市場での取引は，取引主体により，以下の2つに分類されます。

(a) 委託取引

証券会社が，顧客からの売買注文の委託を受けて，顧客の計算で取引所で行う取引のことをいいます。この場合，証券会社は顧客と取引所の仲介者（ブローカー）という位置づけになります。

(b) 自己勘定取引

証券会社が，自己の計算で取引所または証券会社などの市場参加者と行う取引をいいます。委託取引は，顧客からの注文に応じて顧客のために行われる取引になりますが，自己勘定取引は，証券会社が収益獲得を目指して行う取引でありつつ，顧客がいつでも取引を行えるように市場での取引を活発にする（流動性を供給する）という側面もあります。

Q3-2 証券の取引から決済までのプロセス

証券の取引から決済までのプロセスについて，具体的に教えてください。

Answer Point

・証券の取引から決済までのプロセスは，取引執行・取引照合・清算・決済の4段階に分けることができます。

（1）有価証券の売買取引の流れ

証券の取引から決済までのプロセスは，取引執行・取引照合・清算・決済の4段階に分けることができます。各プロセスをまとめると，図表3-2-1のようになります。

図表3-2-1 証券の取引から決済までのプロセス

プロセス	内　容
取引執行	証券取引所などにおけるトレーディング
取引照合	当事者間の取引内容の確認
清算	引き渡す資金と証券の確定
決済	最終的な証券と資金の受渡し

① 取引執行

取引執行とは，証券の取引を行うことをいいます。たとえば，取引所取引の場合，証券会社は，顧客からの注文を受けて，または自己の勘定で，取引所に有価証券の売買注文を出します。取引所で売買注文が成立すると，取引執行が完了します。また，店頭取引であれば，取引相手に有価証券の売買注文を出

し，取引相手と数量・価格などの条件につき合意すると，取引執行が完了します。

② 取引照合

取引照合とは，市場参加者が，取引後に，執行した取引の内容を確認することをいいます。取引照合は，取引を行った2つの証券会社の間で行われるほか，証券会社と顧客（機関投資家など）との間でも行われます。確認が行われる取引内容としては，銘柄，価格，数量，売買の別，決済日などがあります。取引照合は，当事者間でのEメールやFAXの交換，取引報告書の発送などによって行われる場合もありますし，取引当事者が共通の照合システムに取引内容を入力することによって行われる場合もあります。

③ 清　算

清算とは，最終的な資金・証券の決済に先立って，決済日に受渡しが行われる証券と受払いが行われる資金の金額を確定させるプロセスをいいます。清算は，証券取引に参加している2つの証券会社（売手，買手）の間で行われるだけでなく，証券会社と信託銀行などの顧客の間で行われる場合もあります。なお，個人投資家はこのプロセスには含まれません。

Q1-5で解説したように，市場参加者がそれぞれの取引相手と取引ごとに決済するのではなく，清算機関を通じて決済することで，取引相手の信用リスクを気にすることなく取引ができます。また，すべての取引が清算機関を相手とした決済になるため（図表3-2-2参照），資金や証券の決済の件数・金額が圧縮され，決済にかかるコストを削減することができます。

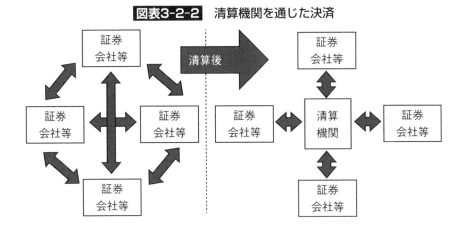

図表3-2-2 清算機関を通じた決済

④　決　済

　決済とは，清算で算出された金額の証券・資金について，最終的に証券の受渡しと資金の受払いを行うことをいいます。証券の受渡し，資金の受払いを合わせて証券決済と呼ぶこともあります。

　証券の受渡しは現在，有価証券のペーパーレス化が進展し，証券決済機関において，ブックエントリー（口座振替）の形で行われるのが一般的です。資金の受払いについては，証券決済機関が証券口座のほかに資金口座も保有し，そこで資金決済が行われる場合もありますが，多くの場合，証券決済機関では証券の口座振替のみが行われ，資金決済は，中央銀行や民間銀行などの他の機関の口座において行われます。なお，清算機関を通じた決済の場合，有価証券と資金は，清算機関の口座をいったん経て，当初の取引相手の市場参加者の口座に振り替えられます。

　証券決済機関への参加者には，証券決済機関に口座を持つ直接参加者，直接参加者に口座を持つ間接参加者，および顧客がいます。間接参加者や顧客には外国間接参加者や外国顧客も含まれます。

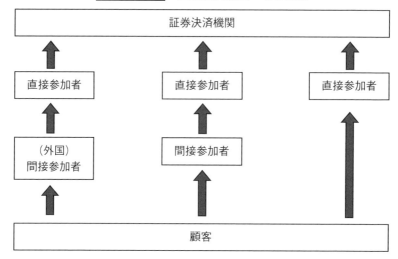

図表3-2-3 証券決済機関への参加者

　一般的に，証券と資金は同じタイミングで決済されることになります。証券の受渡しと資金の受払いを同時に条件づけて行う（決済のタイムラグをゼロにする）ことにより，相手からの受取りが行われなければ，自分の支払も実行されないようにする決済方式を「DVP（Delivery versas Payment）決済」と呼びます。決済リスクを削減するため，ほとんどの証券決済はDVP決済を採用しています。ただし，DVP決済は，資金の決済口座が特定の銀行に限られるなど制約があり，顧客の依頼でDVP決済以外の決済方式が選択されることもあります。このような非DVP決済方式を，「FOP（Free of Payment）決済」と呼びます。

Q3-3　有価証券の売買取引における財務報告関連業務

　有価証券の売買取引に関する業務のうち，財務報告に関連する
ものについて，具体的に教えてください。

Answer Point

- ・有価証券の売買取引に関する業務のうち，財務報告に関連するものは，主に取引サポート部・決済部・経理部の3つの部署が担当します。
- ・取引サポート部は取引の入力や取引内容の照合・確認，決済部は決済の執行や決済振替機関・カストディアン・銀行との残高の照合，経理部は売買取引に関連する仕訳の入力や日次損益管理などを担当します。

解　説

（1）有価証券の売買取引に関する業務

　証券会社の有価証券の売買取引に関する業務は多岐にわたりますが，このうち財務報告に関連するものは，主に図表3-3のようになります。

図表3-3　有価証券の売買取引における財務報告関連業務

【取引サポート部】主に取引の入力や取引内容の確認などを行います。

【決済部】主に清算や決済業務に関連して，決済の執行や決済振替機関等との残高の照合を行います。

【経理部】主に売買取引に関連する仕訳の入力や日次損益管理などを行います。

　取引サポート部・決済部・経理部が担当する財務報告関連業務は，主に以下になります。なお，証券会社により，担当部署名や業務内容・業務範囲は異なりますが，以下では一般的なものを解説しています。

①　取引サポート部

(a)　取引の入力

　約定した取引について，約定・残高照合・損益の管理や帳簿記帳のために，約定システムや残高管理システムなどのフロントシステムに入力を行います。入力されたデータを修正する必要が生じた場合，適切な責任者の承認のもとで修正を行います。

(b)　取引内容の照合・確認

　フロントシステムに入力されたデータを，取引所からフィードされたデータと照合して確認を行います。また，取引相手や顧客が利用している照合システムに直接データを入力するか，またはEメールやFAX，取引報告書で取引相手や顧客に約定データを送付することで，取引相手や顧客が持つデータとの差異の有無について確認をします。各データに差異が生じている場合は，原因を調査し解消します。

②　決済部

(a)　決済の執行

　有価証券や資金の決済について，決済相手や，決済口座・決済数量・金額など決済指示の内容を事前に確認します。顧客が機関投資家である場合，事前に決済照合して決済内容を確認します。また，決済時には，決済指示を最終承認します。

(b)　決済振替機関・カストディアン・銀行との残高照合

　有価証券や資金の決済後，有価証券と資金の帳簿上の数量や残高と，決済振替機関・カストディアンの口座上の数量や銀行の残高を照合して確認します。

③ 経理部

(a) 会計システムへの自動入力

　証券会社は，日々の取引から生じる大量の取引データを処理し，帳簿を作成する必要があります。そのため，証券会社の会計システムは，通常フロントシステムに入力された取引内容に基づいて，自動的に仕訳を計上するようになっています。経理部では，約定システムや残高管理システムなどのフロントシステムの金額および取引数量が，補助元帳や総勘定元帳などの会計システムの残高と整合していることをチェックすることによって，会計帳簿が取引内容に基づいて正しく作成されていることを確認しています。

(b) 手作業による会計システムへの入力

　上記のように，証券会社では日々一般的に行われる取引は自動処理されていますが，システム間に生じた残高差異の解消や一般的ではない取引の入力にあたっては，必要に応じて手作業で会計システムへの入力を行います。

(c) 日次損益管理

　上記会計システムへの入力の結果把握された日次損益は，トレーダーなど担当する役職者との協議・確認を経て経営者に報告されます。また，日次損益は，月次や四半期など一定期間ごとに集計され，総勘定元帳などの会計帳簿上の損益との差異分析とともに経営者に報告され，承認されます。

(d) ミドルオフィスによる時価検証と経理部による会計システムへの入力

　フロントオフィスが有価証券やデリバティブの時価を算定し，ミドルオフィスでは，フロントオフィスが利用した計算モデルやインプットの妥当性を独立の立場から検討します。ミドルオフィスによる検討の結果，時価評価の調整が必要と判断された場合，経理部は時価評価の調整を会計システムに入力します。

(2) その他バックオフィス業務

① 口座新規開設・維持管理

　新規に顧客口座を開設する場合，不正対応（トレーダーによる架空取引など）や犯罪収益移転防止法への法令遵守の観点から，本人確認や審査を実施し，架空の顧客ではないことや反社会的勢力ではないことを確認します。また，定期

的に顧客情報を更新し，顧客の信用状況の変化などを把握します。

②　新商品・新規取引の管理

　顧客や市場参加者と新商品の取引を行う場合や，新規に取引を開始する場合，法令遵守やビジネスリスク，会計・税務リスクなどの観点から，適切な役職者の承認を受けます。

Q3-4 有価証券の会計処理

有価証券の会計処理について教えてください。

Answer Point

- 証券会社における有価証券の会計処理には，金融商品会計基準などのほか，統一経理基準が適用されます。
- トレーディング目的の有価証券は，原則として時価で評価されます。

解 説

（1）有価証券の会計処理

　証券会社の有価証券の会計処理については，金融商品会計基準や金融商品会計実務指針に加え，金融商品取引法の有価証券関連業に固有の勘定科目に関する会計処理などを定めた統一経理基準が適用されます。

① 有価証券の範囲

　金融商品会計基準等が適用される有価証券の範囲は，原則として，金融商品取引法で定義される有価証券になります。ただし，譲渡性預金は金融商品取引法上の有価証券には該当しませんが，金融商品会計基準等が適用されるなど，一部の例外があります。

② 有価証券の保有目的

　金融商品会計基準等では，その保有目的ごとに有価証券を4つの区分に分類し，それぞれの会計処理を定めています。金融商品会計基準等と統一経理基準の分類は，図表3-4のとおりです。

図表3-4 金融商品会計基準等と統一経理基準の分類

金融商品会計基準等	統一経理基準
［売買目的有価証券］ 時価の変動により利益を得ることを目的として保有する有価証券	［トレーディング目的の有価証券］ トレーディングの目的をもって自己の計算により売買した有価証券（引受契約に係るものを含む）およびその他の商品で約定基準により認識したロング・ポジションであり，金融商品会計基準等と統一経理基準に従って処理します。
［満期保有目的有価証券］ 企業が満期まで保有する意図をもって保有する社債その他の債券	特段の定めがないため，金融商品会計基準等に従って処理します。
［子会社株式および関連会社株式］	
［その他有価証券］ 売買目的有価証券，満期保有目的の債券，子会社株式および関連会社株式以外の有価証券	

　以下では，トレーディング目的の有価証券の会計処理について解説します。なお，空売りの会計処理については，Ｑ3-5で解説します。

③　売買時の処理

(a)　有価証券の計上時期と勘定科目

　統一経理基準では，トレーディング目的の有価証券は，約定日に「商品有価証券等」として計上することが求められています。この処理を約定日基準といいます。約定日基準を採用した結果生じた有価証券の約定日から受渡日までの未払債務や未収債権は「約定見返勘定」という固有の勘定科目で計上します。

(b)　有価証券の計上額

　有価証券を購入した場合，約定時点においては購入価額で計上し，その後，売却時まで毎月末および期末に時価評価します。なお，債券を購入する場合の経過利子は購入価額に含みません。有価証券を売却した場合，移動平均法により売却原価を算定し，売却価額との差額を「トレーディング損益」として計上します。ただし，売却価額を売却原価として（貸方）計上することも容認され

ています（総記法と呼びます）。

(c) 総記法の売却損益の計算

　総記法を採用した場合，有価証券の売却時は売却価額で（貸方）計上し，トレーディング損益は計上されません。そこで，月末と期末に移動平均法または総平均法で算定した売却原価に基づく売却損益を計算し，トレーディング損益を計上する必要があります。

(d) 時価評価

　トレーディング目的の有価証券は，購入後，売却時まで時価で評価され続けます。この場合，市場価格に基づく価額を時価として評価することが原則ですが，市場価格が入手できない場合は合理的に算定された価額を採用することも認められています。有価証券の取得原価と時価の差額は，トレーディング損益として計上します。

(e) 配当金と債券利子の処理

　トレーディング目的の株式等を保有する場合，権利落ち日に受取配当金の見込額を未収配当金として計上することが原則です。ただし，継続適用を条件として，発行会社の株主総会，取締役会，その他決定権限を有する機関において剰余金の配当に関する決議のあった日に配当額を計上することも容認されています。

　債券の利子については，実際に受払いした金額に，前期の利息計算開始日から前期末までの未収経過利子を減額し，当期の利子計算開始日から当期末までの未収経過利子の金額を加算して，当期の受取債券利子を計算します。

　なお，配当金と債券利子は，トレーディング目的の有価証券から生じたものであっても，「金融収益」として計上します。

例1 有価証券の売買取引の会計処理（総記法を採用した場合）

1．前提条件

日付	取引	株数（千株）	株価	金額（千円）
20X1年3月10日	購入	100	100	10,000
20X1年3月13日	支払			

20X1年3月17日	売却	80	105	8,400
20X1年3月20日	入金			
20X1年3月31日		20	130	2,600

2．会計処理

① 20X1年3月10日（購入取引の取引日）　　　　　　　　　　（単位：千円）

（借）商 品 有 価 証 券 等　　10,000　　（貸）約 定 見 返 勘 定　　10,000

② 20X1年3月13日（購入取引の決済日）

（借）約 定 見 返 勘 定　　10,000　　（貸）現 金 及 び 預 金　　10,000

③ 20X1年3月17日（売却取引の取引日）

（借）約 定 見 返 勘 定　　8,400　　（貸）商 品 有 価 証 券 等　　8,400

④ 20X1年3月20日（売却取引の決済日）

（借）現 金 及 び 預 金　　8,400　　（貸）約 定 見 返 勘 定　　8,400

⑤ 20X1年3月31日（期末）

【総記法からの損益の振替処理】

（借）商 品 有 価 証 券 等　　400　　（貸）トレーディング損益　　400

（売却益）400=（売却価額）8,400-（移動平均法による取得原価）10,000×80÷100

【時価評価】

（借）商 品 有 価 証 券 等　　600　　（貸）トレーディング損益　　600

（評価益）600=（時価）20×130-（移動平均法による取得原価）10,000×20÷100

(2) その他の会計処理

① 引受けに係る有価証券の会計処理

　引受け業務，いわゆるアンダーライティング業務では，企業や地方公共団体などが株式や債券を発行する場合に，証券会社がそれらの一部または全部を買い取って投資家に販売します。新規公開株式の場合，証券会社は，公開価格を有価証券の単価としてトレーディング目的の有価証券と区分して計上します。ただし，販売手数料を認識できる場合は，公開価格から販売手数料を控除した

額を単価とすることができます。

　また新規公開株式以外の場合は，募集価格から販売手数料を控除した額を単価としてトレーディング目的の有価証券と区分して計上します。

②　フェイルの会計処理

　有価証券の受渡しや資金の受払いができなかったことをフェイルといい，約定見返勘定から有価証券等引渡未了勘定や有価証券等受入未了勘定に振り替えます。

Q3-5 空売りの会計処理

有価証券の空売りとは何ですか。

Answer Point

- 有価証券の空売りとは，手元に有価証券を保有していないにもかかわらず，有価証券を売却することをいいます。
- 空売りと手元に保有する有価証券の売却の業務処理と会計処理は同一になります。
- 有価証券を空売りすると，証券会社は自己の計算で保有している有価証券や，外部から調達した有価証券を相手先に引き渡します。その後，空売りした有価証券を買い戻し（買い戻すことをショートカバーといいます），調達元に返す必要があります。

解説

（1）有価証券の空売りの意義

　有価証券の空売りとは，手元に有価証券を保有していないにもかかわらず，有価証券を売却することをいいます。有価証券を空売りすることによって，手元に有価証券を保有していない投資家でもその投資の判断に基づき取引することができます。手元に保有していない有価証券であっても，投資家がその市場価格が将来ド落すると思えば，その銘柄を空売りすればよいのです。そのためには決済日までにその銘柄の株を借りてくるなどの方法で調達して買手に引き渡す必要がありますが，将来値下がりした時点で同じ銘柄の株を買って調達元に返すことにより利益を得ることができます。

　市場には値上がりを予想する投資家と同様に値下がりを予想する投資家がいますから，それら投資家全体が活発に売買することによって，市場の流動性が

向上するといったメリットがあります。一方，投資家の思惑だけで大量の空売り取引が行われてしまうと，市場に悪影響が生じる可能性があるというデメリットもあり，そのための規制もあります。

（2）空売り規制

　過度な空売りによる市場への悪影響を回避するため，金融商品取引法第162条，金融商品取引法施行令第26条の2から第26条の6，有価証券の取引等の規制に関する内閣府令第9条の2から第15条の8は，図表3-5の規制を講じています。

図表3-5　現行の空売り規制

規　制	規制の内容
ネイキッドショートセリングの禁止（金商法施行令第26条の2の2）	空売りした有価証券の受渡しを確実にする措置が講じられていない空売りの禁止
空売りの明示・確認義務（金商法施行令第26条の3）	発注者（顧客・証券会社）は，取引所に対して空売りを明示する義務，仲介者（証券会社）はそれを確認する義務
トリガー型の価格規制（金商法施行令第26条の4，有価証券規制府令第12条，東京証券取引所業務規程第16条）	前日終値等を基礎として算出される基準価格から10%以上低い価格で約定が発生した場合， • 相場下落時は，直近公表価格以下の価格での空売り禁止 • 相場上昇時は，直近公表価格より低い価格での空売り禁止
残高報告・公表義務（金商法施行令第26条の5，有価証券規制府令第15条の2〜3）	• 顧客・証券会社は，空売り残高割合0.25%以上，かつ，空売り残高売買単位数が50単位超の空売りポジションを取引所に報告する義務 • 取引所は，空売り残高割合0.5%以上，かつ，空売り残高売買単位数が50単位超の空売りポジションを公表する義務
増資での空売りに関する有価証券の借入れの決済の禁止（金商法施行令第26条の6）	増資公表後・新株発行価格決定前の空売りについて，増資で取得した有価証券での，空売りに関する有価証券の借入れの決済の禁止

（3）空売りの業務処理と会計処理

　空売りと手元に保有する有価証券の売却は，当該有価証券の売却時に手元に有価証券を保有しているか否かという点のみ異なります。そのため，基本的に空売りの業務処理と会計処理は，手元に保有する有価証券を売却した場合と変わるところはありません。したがって，有価証券を空売りした顧客は有価証券の売却の認識に準じて会計処理を行うことになります。一方，証券会社も自己勘定での空売りをすることができ，その場合の会計処理は次のようになります。

例1　空売りの会計処理
1．前提条件
　20X1年3月10日（約定時）に証券会社が自己勘定取引で有価証券を5,500千円で空売りし，20X1年3月13日（決済時）に顧客から担保（顧客と再担保に供する旨の合意済み）として受け入れていた有価証券を引き渡した。20X1年3月17日（約定時）に空売りした有価証券すべてを4,000千円で買い戻し，20X1年3月20日（決済時）に当該有価証券を受け取って，調達元に返済した。

2．会計処理
①　20X1年3月10日（空売り約定時）　　　　　　　　　　（単位：千円）

（借）約定見返勘定	5,500	（貸）商品有価証券等	5,500

②　20X1年3月13日（決済時）

（借）現金及び預金	5,500	（貸）約定見返勘定	5,500

③　20X1年3月17日（買戻し約定時）

（借）商品有価証券等	5,500	（貸）約定見返勘定	4,000
		（貸）トレーディング損益	1,500

④　20X1年3月20日（決済時）

（借）約定見返勘定	4,000	（貸）現金及び預金	4,000

（4）空売りした有価証券の調達方法

　証券会社が自己勘定取引で有価証券を空売りした場合，手元に保有する有価証券を売却した場合と同様，決済時には当該有価証券を引き渡さなければなりません。有価証券の調達方法としては，以下があります。

①　他の証券会社等からの借入れ

　他の証券会社等から，空売りした銘柄と同一銘柄の有価証券を貸借取引を通じて借り入れ，それを引き渡すことがあります。なお，有価証券貸借取引については，Q3-16で解説しています。

②　証券金融会社からの借入れ

　証券金融会社から制度貸借取引を通じて株式を借り入れ，引き渡すことがあります。なお，証券金融会社については，Q3-14で解説しています。

③　顧客からの保護預りの有価証券・代用有価証券・担保の利用

　顧客が証券会社を通じて有価証券を購入した場合，証券会社は有価証券を保護預りすることがあります。また，顧客が証券会社を通じて信用取引や先物取引を行っている場合，証券会社は委託証拠金の代用として有価証券を受け入れることもあります。その他，顧客が証券会社と店頭デリバティブ取引を行っている場合，証券会社は担保として有価証券を受け入れることもあります。

　これらの有価証券について，証券会社と顧客で証券会社が有価証券を利用することが合意されている場合，証券会社は空売りした有価証券の引渡しの手段として利用することがあります。なお，顧客からの保護預りの有価証券については，Q3-19で解説しています。

Q3-6 有価証券の担保

担保として受け取った有価証券の会計上の取扱いを教えてください。

Answer Point ☞

・担保として受け取った有価証券は，会計上オフバランスとなっており貸借対照表には計上されませんので，会計処理は必要ありません。ただし，有価証券管理簿などでその状況を明らかにしておくことが必要になります。

・有価証券の担保に関しては，時価の注記が必要となる場合があります。

解 説

(1) 有価証券を担保として授受した場合の会計上の取扱い

証券会社は，有価証券を売買するほか，顧客の有価証券の保護預りや，顧客から担保として有価証券を受け取ったり，顧客や取引所に担保として有価証券を差し入れたりするなど，さまざまな取引により有価証券を授受しています。これらは受渡日や，受渡先の名称などとともに有価証券管理簿などの台帳に記帳されます。

自己勘定取引で保有する有価証券のロング・ポジションとショート・ポジションは貸借対照表に計上されますが，担保として保有している有価証券は，計上されません。ただし，帳簿等によりその状況を明らかにしておく必要があります。また，時価の注記が必要となるものもあります。なお，受入有価証券を空売りした有価証券の引渡しに利用した場合は，有価証券を売却した場合と同様の会計処理が必要となります。

図表3-6　有価証券管理簿の記帳の例

借　方	貸　方
自己取引のロング・ポジションとして保有する有価証券	自己取引のショート・ポジションとして保有する有価証券
債券・株券貸借，リバースレポなどの取引で担保として受け入れた有価証券	債券・株券貸借，レポ，借入金などの取引で担保として差し入れた有価証券
顧客等から借り入れた有価証券	顧客等に貸し付けた有価証券
顧客から受け入れた代用有価証券	取引所等に差し入れた代用有価証券
保護預り有価証券	証券会社自身が保管する有価証券，決済振替機関の顧客口座の有価証券，カストディアンに預けた有価証券

(2) 差入有価証券の種類

　担保として差出しを行った場合に時価の注記が必要となるのは，以下の取引で差出し等を行った有価証券になります。

①　顧客の信用取引のために貸し付けた有価証券
　顧客が信用取引で売却を行う有価証券を証券会社が顧客に貸し付けた場合，有価証券に関して注記が必要となります。

②　証券金融会社に借入金の担保として差し入れた有価証券
　証券会社が証券金融会社から借り入れた資金で有価証券を買い付けた場合，証券会社は買い付けた有価証券を担保として証券金融会社に差し出します。この場合，差し出した有価証券に関して注記が必要となります。

③　消費貸借契約により貸し付けた有価証券
　消費貸借契約により有価証券を貸し付けた場合，借手は貸手に対して同じ銘柄の有価証券を返済する義務はありますが，借り入れた有価証券については自由に売却したり貸し付けたりできます。そのように貸し付けた有価証券に関しては，注記が必要となります。

④ 現先取引で売却した有価証券

　証券会社は，株券・債券貸借取引として，有価証券を担保として差し出して資金を借り受けます。また，現先取引として，買戻しを前提として有価証券を売却し，資金を受け取る場合があります。この場合，差し出した有価証券や売却した有価証券に関して注記が必要となります。

　銘柄後決め方式の場合，割当を受け，実際に差し入れた有価証券の時価を注記します。銘柄後決め方式とは，国債の決済期間短縮化に伴い導入されたもので，「約定時点では資金の受渡金額のみを決めておき，その後，決済直前に，他の国債取引に関する決済等の結果を踏まえて，約定済の取引に在庫国債銘柄の割当を行い決済する取引手法」をいいます。

⑤ 差入証拠金・差入保証金代用有価証券（直接預託を除く）

　証券会社は，取引所などに取引証拠金として資金を差し出しますが，その代用として有価証券を差し出すことも認められています。この差し出した有価証券は代用有価証券と呼ばれ，これに関しての注記が必要となります。

⑥ その他担保として差し入れた有価証券

　店頭デリバティブ取引などの結果，証券会社においてデリバティブ負債が発生し，担保契約に基づき担保を差し出す必要がある場合，担保契約上の適格担保として認められている有価証券を差し出すことがあります。この場合，差し出した有価証券に関して注記が必要となります。

⑦ 顧客分別金信託として信託した有価証券

　証券会社で顧客の金銭を分別管理する場合，証券会社が算定した顧客分別金必要相当額を外部の信託銀行に信託することが要求されています。このとき，金銭に代えて有価証券を信託することが認められており，この場合，注記が必要となります。

（3）受入有価証券の種類

　担保として受け入れた場合に時価の注記が必要となるのは，以下の取引で受

け入れられた有価証券になります。

① 顧客の信用取引のために貸し付けた資金の本担保証券

顧客が信用取引で有価証券を購入する際に資金を貸し付けた場合，証券会社は顧客が購入した有価証券を担保として受け入れますが，この場合，注記が必要となります。

② 証券金融会社から借り入れた有価証券

証券会社が証券金融会社から借り入れた有価証券に関して注記が必要となります。

③ 消費貸借契約により借り受けた有価証券

証券会社は，株券・債券貸借取引として，資金を担保として差し出して，有価証券を借り受けます。消費貸借契約により借り受けた有価証券に関して注記が必要となります。

④ 現先取引で買い付けた有価証券（銘柄後決め方式の場合を除く）

現先取引として，売戻しを前提に，有価証券を購入する場合があります。この場合，有価証券や購入した有価証券に関して注記が必要となります。

⑤ 受入証拠金・受入保証金代用有価証券（ただし，再担保同意あり）

証券会社は，先物取引や信用取引を行っている顧客から証拠金を受け入れますが，顧客は証拠金の代用として有価証券を差し出すことが認められています。この場合，受け取った有価証券に関して注記が必要となります。

⑥ その他担保として受け入れた有価証券

店頭デリバティブ取引などの結果，証券会社においてデリバティブ資産が発生し，担保契約に基づき担保を受け入れる必要がある場合，担保契約上の適格担保として認められている有価証券を受け入れることがあります。この場合，受け入れた有価証券に関して注記が必要となります。

2　デリバティブ取引

Q3-7　デリバティブ取引の概要

デリバティブ取引の概要を教えてください。

Answer Point ☞ ·

- デリバティブ取引とは，金融商品取引法第2条第20項から第23項に定められる取引を指します。しかし，会計上それがデリバティブ取引であると認められるためには，3つの特徴を有する必要があります。
- デリバティブ取引は，取引所で取引されるか否かによって，上場デリバティブ取引と店頭デリバティブ取引に区分されます。主要なデリバティブ取引の種類として，先物取引・先渡取引，オプション取引およびスワップ取引があります。

（1）デリバティブ取引とは

デリバティブ取引は金融派生商品とも呼ばれ，具体的には金融商品取引法第2条第20項から第23項に定められる取引を指します。しかし，会計的には次の3つの特徴を有する金融商品が，デリバティブ取引であるとされます。

（1）　その権利義務の価値が，特定の金利，有価証券価格，現物商品価格，外国為替相場，各種の価格・率の指数，信用格付・信用指数，又は類似する変数（これらは基礎数値と呼ばれる。）の変化に反応して変化する①基礎数値を有し，かつ，②想定元本か固定若しくは決定可能な決済金

額のいずれか又は想定元本と決済金額の両方を有する契約である。

(2)　当初純投資が不要であるか，又は市況の変動に類似の反応を示すその他の契約と比べ当初純投資をほとんど必要としない。

(3)　その契約条項により純額（差金）決済を要求若しくは容認し，契約外の手段で純額決済が容易にでき，又は資産の引渡しを定めていてもその受取人を純額決済と実質的に異ならない状態に置く。

(出所：金融商品会計に関する実務指針第6項)

　証券会社で自己勘定取引（ディーリング）として実施されるデリバティブ取引は，主に2つの目的から実施されます。

　1つ目は，利鞘獲得目的です。証券会社では，証券会社自体がリスクを負って積極的に時価の変動や市場間の格差等を利用したデリバティブ取引を実施したり，市場に厚みを持たせるために値付業者（マーケット・メーカー）として参加したり，顧客の有する多様なキャッシュ・フローへのニーズに応えるために，デリバティブ取引を利用してテーラーメードされた有価証券等を仕立てたりすることで，利益を追求しています。

　2つ目は，ヘッジ目的です。証券会社は，上記の利鞘獲得目的で保有したポジションのリスクを減少させることを目的に，デリバティブ取引を実施します。

　他に証券会社は，顧客の注文に基づいて，顧客の計算に基づく売買を証券会社の名をもって行う委託取引（ブローカレッジ）を行います。委託取引では，証券会社は顧客より委託手数料を得ることができます。

(2) 上場デリバティブ取引と店頭デリバティブ取引

　デリバティブの取引形態は大きく2つに区分されます。上場デリバティブ取引と店頭デリバティブ取引です。

① 上場デリバティブ取引

　上場デリバティブ取引とは，取引所を介して行われるデリバティブ取引のことで，取引所の定める基準および方法に従って行われる取引です。現在日本に

は，上場デリバティブ取引を扱う主な市場として大阪取引所があり，先物取引
とオプション取引が実施されています。

② 店頭デリバティブ取引

　店頭デリバティブ取引とは，OTC（Over The Counter）デリバティブとも
呼ばれ，相対で契約が結ばれるデリバティブ取引を指します。証券会社は，取
引ニーズのある顧客や，他の金融機関を取引相手として，相対で取引条件を決
定し，デリバティブ取引を実行します。

（3）デリバティブ取引の種類

　証券会社で取引が行われるデリバティブ取引は，さまざまな基礎数値（金融
指標）を対象としています。

　基礎数値としては，主にLIBORやTIBORなどの金利や，日経225やTOPIX
といった株価指数，為替などが挙げられます。他に，国や企業等の信用リスク
や，天候，商品（コモディティ）などを対象とするデリバティブ取引もありま
す。

　また，主要なデリバティブ取引の種類には大きく分けて次の3つがありま
す。

① 先物取引・先渡取引

　先物取引・先渡取引は，ある商品または指標を特定の数量，将来の一定の日
に，現在定める価格で売買する契約です。上場デリバティブ取引として取引所
で定型的に行われる取引を先物取引といいます。代表的な取引商品として，株
価指数を基礎数値とした商品である，日経225先物やTOPIX先物があります。
先渡取引は店頭デリバティブとして相対で取引され，金利先渡取引（FRA）
などが代表的です。

② オプション取引

　オプション取引とは，ある原資産について，あらかじめ決められた将来の一
定の日または期間において，一定のレートまたは価格（行使レート，行使価格）

で取引する権利を売買する取引です。原資産を買う権利を有するオプションを
コール，売る権利を有するオプションをプットと呼びます。オプションの種類
は，コールの買いと売り，プットの買いと売りの4種類です。代表的な上場商
品として，株価指数を基礎数値とした商品である，日経225オプションや
TOPIXオプションがあります。また，店頭デリバティブでは通貨オプション
が代表的で，一般に為替リスクのヘッジ目的や利鞘獲得目的で広く取引されま
す。

③　スワップ取引

　スワップ取引とは，契約当事者間で合意された，ある想定元本に対して異な
る指標を適用して計算された現在価値の等しいキャッシュ・フローを，一定期
間交換することを約束した取引をいいます。代表的なものとして，店頭デリバ
ティブとしての金利スワップや通貨スワップが広く取引されています。

　さらに，証券会社では上述したように顧客の有する多様なキャッシュ・フ
ローへのニーズに応えるために，債券（仕組債）やローン（仕組ローン）といっ
た金融商品にデリバティブ取引を組み込んで取引を実施することがあります。
これらの組込デリバティブには，プレーン・バニラなどと呼ばれる基礎的なデ
リバティブ取引のみならず，エキゾティック・デリバティブと呼ばれる複雑な
デリバティブが利用されるケースが多くみられます。

Q3-8 デリバティブ取引に関する今後の動向

デリバティブ取引に関する今後の動向について教えてください。

Answer Point 👆

- 店頭デリバティブ取引の評価において，カウンターパーティーや自己の信用リスクに対する評価調整だけでなく，資金調達コストや資本コストに対する評価調整をデリバティブ価値に考慮する実務が浸透してきています。これらの評価調整を総称して，XVAと呼びます。
- 非清算集中の店頭デリバティブ取引の証拠金規制について，2020年9月に当初証拠金の規制対象者が大幅に拡大します。
- 2021年以降，LIBOR（London Interbank Offered Rate）の継続が不透明になっています。LIBORに代わる指標金利・LIBORからの移行方法について，各国の規制当局・業界団体・金融機関などは検討・準備を進めています。

解 説

　2008年の世界的な金融危機以降，金融システムの強じん性・安定性の向上等を目的とした数々の金融規制改革（店頭デリバティブ取引規制改革含む）が進められるとともに，店頭デリバティブ取引の評価理論・方法が発展しました。また，2012年にLIBOR不正（英国銀行協会に参加する一部の銀行が実態とは異なる金利を不正に申告した）が明るみに出て以降，金利指標改革が進んでいます。このようなデリバティブ取引をめぐる環境の変化により，今後の動向として，以下に留意する必要があります。

(1) XVA

　伝統的な店頭デリバティブ取引の評価の枠組みでは，カウンターパーティー
または自己のデフォルトは発生せず，またデリバティブ取引を複製するために
必要な資金は無リスク金利で自由に調達できるという仮定が置かれていまし
た。こうした伝統的な店頭デリバティブ取引の評価に対して，取引実態，市場
に存在するリスクやコストを反映させる調整を実施することにより，店頭デリ
バティブ取引の評価を適切に行うことを目的としたものが評価調整です。

　デリバティブ取引を事業会社等の顧客に提供する金融機関側から見た場合，
評価調整であるXVAは店頭デリバティブ取引を管理するために必要なコスト
であることから，XVAを適切に見積り，顧客とデリバティブ取引を行う際に
そのコストを取引価格に転嫁することが，デリバティブビジネスを行う上で必
要になります。また，XVAはデリバティブ取引の取引価格に影響を及ぼすた
め，デリバティブ取引を利用する顧客にも影響を与えるテーマといえます。

　2008年の世界的な金融危機以前からカウンターパーティーの信用リスクに応
じた評価調整および自己の信用リスクに応じた評価調整を店頭デリバティブ取
引の評価に考慮する実務が欧米金融機関を中心に存在しました。一方で，金融
危機以降に起きた店頭デリバティブ取引の市場慣行の変化，資金調達コストの
高まりおよび金融規制改革などにより，資金調達コストに対する評価調整や資
本コストに対する評価調整など，新たな評価調整が登場しています。XVAの
定義や対象範囲は必ずしも明確ではありませんが，一般的には，以下のような
評価調整を含むと考えられます。

種　　類	内　　容
Credit Valuation Adjustment	カウンターパーティーの信用リスクに応じた評価調整であり，CVAと呼ばれています。
Debt Valuation Adjustment	自己の信用リスクに応じた評価調整であり，DVAと呼ばれています。
Funding Valuation Adjustment	デリバティブ取引の資金調達コストに対する評価調整であり，FVAと呼ばれています。

Margin Valuation Adjustment	当初証拠金の資金調達コストに対する評価調整であり，MVAと呼ばれています。
Capital Valuation Adjustment	資本コスト（規制資本コスト）に対する評価調整であり，KVAと呼ばれています。

　近年では，新たに登場したFVA，MVAおよびKVAの店頭デリバティブ取引の評価への反映可否，評価手法および管理体制について，実務家，学術家および規制当局者を中心に活発な議論が行われています。評価手法については，仮定の置き方や利用するインプットによってXVAの算定結果が大きく異なる可能性があるため，特に活発な議論が行われていますが，業界標準となる仮定の置き方やインプットの利用方法が一部を除き確立されているとはいいがたいのが現状です。

　また，評価調整同士の重複計上の問題や会計上の出口価格との整理も重要なテーマとなっています。そのため，XVAを導入・管理する金融機関においては，業界動向を常にモニタリングし，自社が利用するXVAの評価手法および管理体制を強化していくことが重要になります。

（2）当初証拠金の規制対象の拡大（IMビッグバン）

　店頭デリバティブ取引規制改革の一環として，金融商品取引業者等（銀行，証券会社，保険会社等）に対して標準化された店頭デリバティブ取引に対する清算集中義務が導入され（清算集中義務規制），2012年から適用されました。

　また，清算集中されない店頭デリバティブ取引に対しても，金融商品取引業者等に証拠金の授受が義務づけられ（証拠金規制），2016年から段階的に適用が開始されました。証拠金には，店頭デリバティブ取引の時価（カレント・エクスポージャーに相当）の変動に応じて授受を行う「変動証拠金」と，店頭デリバティブ取引から将来発生し得る費用または損失（ポテンシャル・フューチャー・エクスポージャーからの費用または損失に相当）の合理的な見積りに対応して預ける「当初証拠金」の２つがあります。

　変動証拠金は取引当事者が今すぐデフォルトしたと仮定した場合のエクスポージャーを，当初証拠金はデフォルトしてから取引を清算する時点までにさらに生じ得るエクスポージャーを各々担保するために授受されます。証拠金規

制は非清算店頭デリバティブ取引の想定元本額に応じて段階的に適用されます。単体ベースの想定元本額が月平均3,000億円以上であることに加えて，グループベースの想定元本額が下表の水準となる時期に応じて，変動証拠金および当初証拠金それぞれの授受が開始される予定になっています。

適用期日	変動証拠金	当初証拠金
2016年9月1日	420兆円超	420兆円超
2017年3月1日	420兆円以下	—
2017年9月1日	—	315兆円超
2018年9月1日	—	210兆円超
2019年9月1日	—	105兆円超
2020年9月1日	—	7兆円超
2021年9月1日	—	1.1兆円超

　ただし，想定元本額が月平均3,000億円未満であっても，監督指針（主要行等向けの総合的な監督指針，金融商品取引業者等向けの総合的な監督指針等）では，変動証拠金の授受等に係る態勢整備が求められることに留意が必要です。

　変動証拠金については，カレント・エクスポージャーに対応する担保として，これまで実務的に授受が行われてきました。一方，当初証拠金については，これまで一部の金融機関を除き実務的に授受が行われてこなかったため，業務プロセス，システム，報告・モデルなどの設計・構築が必要となり，適用上の負担が非常に大きくなると考えられます。

　特に，2021年9月1日から適用対象となる想定元本額（グループベース）1.1兆円超の対象者が多数にのぼり，非清算店頭デリバティブ取引の流動性の低下，差し入れる担保資産の確保，事務処理に関する混乱などが予想されます（当初証拠金（英語）の「Initial Margin」の頭文字を取って，IMビッグバンと呼ばれることがあります）。

（3）LIBOR移行

　2012年に発覚したLIBOR不正操作を受け，2014年7月に金融安定理事会は，金利指標改革として，①指標金利を実取引データに基づく銀行の無担保調達コ

ストを示す金利（IBOR+：改革後のIBOR（Interbank Offered Rate））とすること，②リスクフリーレート（RFR：Risk Free Rate）を別途開発することを提言しました。

さらに，2017年7月に英国金融行為規制機構のベイリー長官は"The future of LIBOR"と題したスピーチにおいて，2021年末までLIBORの維持をサポートすることで，計画的かつ円滑に遂行できるLIBORからの移行を可能にするようLIBOR呈示行に伝えたことを表明しました。2021年末という具体的な時期に言及したことで，それ以降のLIBORの継続が不透明な状況となりました。

そこで，各国の規制当局・業界団体は，LIBORに代わるIBOR+やRFRの検討を進めています。IBOR+として日本円全銀協TIBOR（Tokyo Interbank Offered Rate），RFRとして日本円無担保コール翌日物金利，米ドル担保付翌日物調達金利（SOFR：Secured Overnight Financing Rate）などが内定しています。

LIBORとRFRには違いがあり，単純な置換えはできません。LIBORが廃止された場合に既存のLIBOR参照取引に適用する代替レート（フォールバック・レート）の扱いについて，各国の規制当局・業界団体は検討を進めています（たとえば，2018年7月に国際スワップ・デリバティブ協会が公表した「Interbank Offered Rate（IBOR）Fallbacks for 2006 ISDA Definitions」）。

LIBORはさまざまな商品の指標金利として使われ，LIBOR移行に伴う影響は広範囲（商品，業務プロセス，システム，報告・モデルなど）に及ぶことが想定されます。特に，商品については注意が必要です。LIBORは店頭デリバティブ取引のみならず，貸出金・借入金および有価証券についても指標金利として広く使われています。また，LIBORは金融商品の評価のためのイールドカーブの構築にも使用されているため，このイールドカーブを使って時価評価が行われる金融商品にも影響を与えます。

さらに，契約金利としてLIBORが明示されていなかったとしても，たとえば証券化商品・ファンド商品など，そのアンダーライイングアセットにLIBOR連動商品が入っている場合に影響を受ける可能性があります。そのため，LIBORからの移行について早期に全社的に影響を把握し，対応策を策定し，アクションをとることが重要です。

Q3-9　先物取引・先渡取引の会計処理

先物取引・先渡取引の会計処理はどのように行うのでしょうか。

Answer Point

- 先物取引はフューチャーズ取引とも呼ばれます。上場デリバティブ取引であり，取引の諸条件は定型化され，市場にて活発に取引が行われています。
- 先渡取引はフォワード取引とも呼ばれます。店頭デリバティブ取引であり，取引の諸条件を任意に決定することができます。
- 先物取引と先渡取引は，取引形態が類似しており，会計処理も類似しています。以下では，統一経理基準に従った自己勘定取引の会計処理を確認します。

解　説

（1）先物取引の会計処理

① 先物取引の認識（約定時）

約定時には会計処理は行われません。ただし，法定帳簿等により，証券会社内でポジションの管理を行わなければなりません。

② 先物取引の値洗差金の授受時

約定時から決済が行われるまでの間，金融商品取引所または金融商品取引清算機関を経由して値洗差金の授受が発生します。

(a) 値洗差金受取りの場合

日経225先物を10,000円で100単位買い建て，その後相場が10,050円となった。

【受取り時】　　　　　　　　　　　　　　　　（単位：千円）

> （借）現 金 及 び 預 金　　5,000　　（貸）受 取 差 金 勘 定　　5,000[※1]

※ 1　5,000千円＝（10,050円－10,000円）×1,000[（※2）]×100単位

※ 2　日経225先物取引の１単位当たりの約定価額は先物価格の1,000倍と定められている（以下同様）。

(b)　値洗差金支払の場合

日経225先物を10,000円で100単位買い建て，その後相場が9,950円となった。

【支払時】　　　　　　　　　　　　　　　　（単位：千円）

> （借）支 払 差 金 勘 定　　5,000[※3]　　（貸）現 金 及 び 預 金　　5,000

※ 3　▲5,000千円＝（9,950円－10,000円）×1,000×100単位

③　先物取引の実現損益の認識時

反対取引で当初と逆の建玉を建てることにより，または建玉を満期日まで持ち越し特別精算数値（決済期日における決済のための特別価格）にて最終決済することにより，差金決済が行われます。

(a)　実現利益が計上される場合

日経225先物を10,000円で100単位買い建て，その後10,070円で転売した。

【約定時】　　　　　　　　　　　　　　　　（単位：千円）

> （借）約 定 見 返 勘 定　　7,000　　（貸）トレーディング利益　　7,000[※4]

※ 4　7,000千円＝（10,070円－10,000円）×1,000×100単位

【受渡し時】

> （借）受 取 差 金 勘 定　　7,000　　（貸）約 定 見 返 勘 定　　7,000

(b)　実現損失が計上される場合

日経225先物を10,000円で100単位買い建て，その後9,930円で転売した。

【約定時】　　　　　　　　　　　　　　　　（単位：千円）

> （借）トレーディング損失　　7,000[※5]　　（貸）約 定 見 返 勘 定　　7,000

※ 5　▲7,000千円＝（9,930円－10,000円）×1,000×100単位

【受渡し時】

> （借）約 定 見 返 勘 定　　7,000　　（貸）支 払 差 金 勘 定　　7,000

④　先物取引の評価（決算時）

先物取引は，他のデリバティブ取引と同様に，みなし決済損益（決算時においてデリバティブ取引を決済したとみなして算出する利益または損失の額に相当する金額）を測定し，先物取引から生じる正味の債権または負債として，決算日に貸借対照表上に計上する必要があります。

(a)　みなし決済利益の計上

日経225先物を10,000円で100単位買い建て，その後決算日の相場が10,080円となった。

【決算時】　　　　　　　　　　　　　　　　　　　　　　　　　（単位：千円）

(借) デリバティブ取引 　　　（資　　　産）	8,000	(貸) トレーディング利益	8,000[※6]

※ 6　8,000千円＝（10,080円 － 10,000円）× 1,000 × 100単位

(b)　みなし決済損失の計上

日経225先物を10,000円で100単位買い建て，その後決算日の相場が9,920円となった。

【決算時】　　　　　　　　　　　　　　　　　　　　　　　　　（単位：千円）

(借) トレーディング損失	8,000[※7]	(貸) デリバティブ取引 　　　（負　　　債）	8,000

※ 7　▲8,000千円＝（9,920円 － 10,000円）× 1,000 × 100単位

なお，あらかじめ各証券会社の経理規程等で継続的に適用することを定めた場合には，日々の先物取引の値洗差金の授受時にみなし決済損益を実現損益として計上することも可能です。この場合にも②の仕訳に加え，上記の仕訳をあわせて行うことになります。

(2) 先渡取引の会計処理

先渡取引は店頭デリバティブであるため，日々の値洗差金の授受が行われない点で先物取引とは異なります。このため，先物取引の会計処理で示した仕訳のうち，「受取差金勘定」および「支払差金勘定」に関連する仕訳は行われないことになりますが，それ以外の会計処理は，基本的に先物取引と同様の仕訳

になります。

(3) 貸借対照表上の取扱い

　先物取引や先渡取引の結果発生したデリバティブ取引勘定は，貸借対照表上で以下のように取り扱われます。これはオプション取引やスワップ取引においても共通の取扱いになります。

①　上場デリバティブ

　上場デリバティブの場合，貸借対照表上，銘柄ごとにみなし決済損益を相殺して，資産または負債のデリバティブ取引勘定のいずれか一方に計上します。

　ただし，各証券会社の経理規程等で，継続的にポジション管理を両建てで行うこととしている場合は，相殺せずに資産と負債の両建てで表示することも認められます。

②　店頭デリバティブ

　店頭デリバティブの場合は，個々の契約により取引条件が異なるため，「法的に有効なネッティング契約下にある取引」であれば，取引相手先ごとにみなし決済損益を相殺して，資産または負債のデリバティブ取引勘定のいずれか一方に計上することができます。

Q3-10　オプション取引の会計処理

オプション取引の会計処理はどのように行うのでしょうか。

Answer Point

- 証券会社で取引されるオプション取引の会計処理は，統一経理基準に示されています。以下では，例として統一経理基準に従った，店頭オプション取引の会計処理の確認をします。
- オプション取引は，先物取引・先渡取引や，スワップ取引とは異なり，取引開始時に，オプション料（プレミアム）の受払いが行われるため，仕訳処理が必要です。決算時には他のデリバティブ取引と同様にオプション取引の価値を時価評価します。

解　説

(1) オプション取引の認識（約定時）

オプション取引の約定時には，買い建てた場合はオプション料を支払い，売り建てた場合はオプション料を受け取ります。

① 買い建てた場合

支払オプション料は500千円であった。

【約定時】　　　　　　　　　　　　　　　　　　　　　　　（単位：千円）

(借) デリバティブ取引 (資産)	500	(貸) 約定見返勘定	500

【決済日】

(借) 約定見返勘定	500	(貸) 現金及び預金	500

② 売り建てた場合

受取オプション料は500千円であった。

【約定時】 （単位：千円）

（借）約 定 見 返 勘 定	500	（貸）デリバティブ取引 （負　　　　債）	500

【決済日】

（借）現 金 及 び 預 金	500	（貸）約 定 見 返 勘 定	500

（2）オプション取引の決済（反対売買のケース）

オプション取引の決済は，転売（当初買建ての場合）または買戻し（当初売建ての場合）による反対売買により行うことができます。反対売買にあたり支払うもしくは受け取るオプション料と，当初買い建ててもしくは売り建てて保有したポジションのオプション料との間に差がある場合，その差額は確定した実現損益として認識されます。

① 転売時

約定当初支払った買建オプション料は500千円であり，その後600千円で転売を行った。

【転売約定日】 （単位：千円）

（借）約 定 見 返 勘 定	600	（貸）デリバティブ取引 （資　　　　産）	500
		トレーディング利益	100

② 買戻し時

約定当初受け取った売建オプション料は500千円であり，その後700千円で買戻しを行った。

【買戻約定日】 （単位：千円）

（借）デリバティブ取引 （負　　　　債）	500	（貸）約 定 見 返 勘 定	700
（借）トレーディング損失	200		

（3）オプション取引の決済（権利行使のケース）

オプション取引は，元来権利の売買を行う取引であるため，権利行使によっても決済することができます。権利行使時の会計処理を示すにあたり，以下の条件による取引を想定します。

【前提条件】
- 当初オプション料は500千円
- 権利行使価格は9,000千円
- 権利行使時の原資産の市場価格は10,000千円

これをオプション取引の4種類の取引形態別にまとめると，以下のような状況になります。

	買建て（権利行使する立場）	売建て（権利行使される立場）
コール （買う権利）	（ケース1） 権利行使価格9,000千円が原資産の市場価格10,000千円を下回っているため，権利を行使し，1,000千円の利益を得る。当初オプション料500千円は実現損として確定する。	（ケース2） 権利行使価格9,000千円が原資産の市場価格10,000千円を下回っているため，権利行使され，1,000千円の損失を被る。当初オプション料500千円は実現益として確定する。
プット （売る権利）	（ケース3） 権利行使価格9,000千円が原資産の市場価格10,000千円を下回っているため，通常権利行使せず，権利放棄する。当初オプション料500千円は実現損として確定する。	（ケース4） 権利行使価格9,000千円が原資産の市場価格10,000千円を下回っているため，通常権利行使されず，権利放棄される。当初オプション料500千円は実現益として確定する。

① 　買建コール・オプションの場合（ケース1）

証券会社は権利行使を行い，オプション取引を差金決済により精算した。

84

【権利行使日】 (単位：千円)

> ［オプション料の損益勘定への振替え］
> （借）トレーディング損失 500 （貸）デリバティブ取引 500
> 　　　　　　　　　　　　　　　　　（資　　　産）
>
> ［権利行使に伴う差金決済の処理］
> （借）約 定 見 返 勘 定 1,000 （貸）トレーディング利益 1,000

　なお，有価証券等の現物の授受により精算される場合には，上記の「権利行使に伴う差金決済の処理」の部分が，以下の会計処理に変わります。

【権利行使日】 (単位：千円)

> （借）商 品 有 価 証 券 等 10,000 （貸）約 定 見 返 勘 定 9,000
> 　　　　　　　　　　　　　　　　　　　トレーディング利益 1,000

② 買建プット・オプション取引の場合（ケース３）

証券会社は権利放棄し，オプション取引が終了した。

【満期日】 (単位：千円)

> ［オプション料の損益勘定への振替え］
> （借）トレーディング損失 500 （貸）デリバティブ取引 500
> 　　　　　　　　　　　　　　　　　（資　　　産）

③ 売建コール・オプションの場合（ケース２）

取引相手から権利行使を受け，オプション取引を差金決済により精算した。

【権利行使日】 (単位：千円)

> ［オプション料の損益勘定への振替え］
> （借）デリバティブ取引 500 （貸）トレーディング利益 500
> 　　　（負　　　債）
>
> ［権利行使に伴う差金決済の処理］
> （借）トレーディング損失 1,000 （貸）約 定 見 返 勘 定 1,000

　なお，有価証券等の現物の授受により精算される場合には，上記の「権利行使に伴う差金決済の処理」の部分が，以下の会計処理に変わります。

【権利行使日】 (単位：千円)

(借) 約定見返勘定	9,000	(貸) 商品有価証券等	10,000
トレーディング損失	1,000		

④ 売建プット・オプション取引の場合（ケース４）

取引相手は権利放棄し，オプション取引が終了した。

【満期日】 (単位：千円)

[取引相手の権利放棄]

(借) デリバティブ取引 （負　　　債）	500	(貸) トレーディング利益	500

(4) オプション取引の評価（決算時）

オプション取引の時価を測定した上で，みなし決済損益を計上します。

① みなし決済利益の計上

当初支払オプション料が500千円の買建オプション取引の時価が600千円であった場合。

【決算日】 (単位：千円)

(借) デリバティブ取引 （資　　　産）	100	(貸) トレーディング利益	100

② みなし決済損失の計上

当初支払オプション料が500千円の買建オプション取引の時価が350千円であった場合。

【決算日】 (単位：千円)

(借) トレーディング損失	150	(貸) デリバティブ取引 （資　　　産）	150

Q3-11 スワップ取引の会計処理

スワップ取引の会計処理はどのように行うのでしょうか。

Answer Point

- 証券会社で取引されるスワップ取引の会計処理は，統一経理基準に示されています。以下では，統一経理基準に従った会計処理の確認をします。
- スワップ取引は，取引当初は等価のキャッシュ・フローを交換するため価値がゼロです。よって，約定時点では会計処理は不要です。約定時以降は，スワップ取引の時価を測定し，資産または負債として会計処理します。

解説

(1) スワップ取引の認識（約定時）

スワップ取引は，約定時点での等価のキャッシュ・フローの交換です。すなわち，約定時点では計算した現在価値の合計，すなわちスワップの価値がほぼゼロです。よって，会計処理は行われません。ただし，約定日ベースで法定帳簿等により，証券会社内でポジションの管理を行わなければなりません。

【約定日】

仕訳なし

また，例外的に約定日時点で将来のキャッシュ・フローが等価であると認められない場合に，調整金としてアップ・フロント・フィーの受払いが行われる場合があります。スワップ取引におけるアップ・フロント・フィーは，このように金利の交換に係る調整金としてあらかじめ支払われるものであり，オプ

ション料の受払いとはその性質を異にします。各証券会社では，受払金額をその性格に応じて，「トレーディング損益」勘定に計上するものと「トレーディング商品」勘定に計上するものに分けて，経理規程等にあらかじめ定めておく必要があります。

■アップ・フロント・フィーの受領

証券会社がスワップ取引の調整金として，アップ・フロント・フィー1,500千円を受け取った。

【受渡日】　　　　　　　　　　　　　　　　　　　　　　（単位：千円）

| (借) 現 金 及 び 預 金 | 1,500 | (貸) トレーディング利益[※] | 1,500 |

※または，デリバティブ取引（負債）

(2) スワップ取引の実現損益の認識

スワップ取引では，契約で決められた期日にキャッシュ・フローの交換を行います。以下では金利スワップを例に会計処理を確認します。

【前提条件】

証券会社は，取引相手先である事業会社の変動金利借入の金利変動リスクをヘッジするニーズに応えるため，当該事業会社と以下の条件による金利スワップ取引契約を締結した。

• 想定元本1,000,000千円
• 受取金利：固定金利　　4％
• 支払金利：変動金利　（第1回金利交換日3％，第2回金利交換日6％）

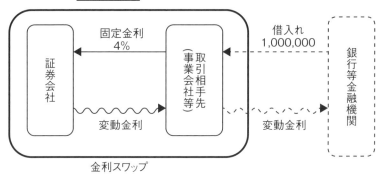

図表3-11 金利スワップ取引のイメージ

① 第1回金利交換日

　固定金利4％（受取り）と変動金利3％（支払）の差額を決済し，実現利益を計上した。

【受渡日】 (単位：千円)

（借）現 金 及 び 預 金	10,000	（貸）トレーディング利益	10,000[※1]

※1　1,000,000千円×（4％－3％）＝10,000千円

② 第2回金利交換日

　固定金利4％（受取り）と変動金利6％（支払）の差額を決済し，実現損失を計上した。

【受渡日】 (単位：千円)

（借）トレーディング損失	20,000[※2]	（貸）現 金 及 び 預 金	20,000

※2　1,000,000千円×（4％－6％）＝▲20,000千円

（3）スワップ取引の評価（決算時）

　スワップ取引を評価することは，将来交換されるキャッシュ・フローの現在価値（みなし決済損益）を把握することです。取引実施済みで，決算日時点で保有されているスワップは，みなし決済損益を測定し，スワップ取引から生じる正味の資産または負債として，貸借対照表上に計上する必要があります。

① みなし決済利益の計上

スワップ取引の決算日における時価が50,000千円であった。

【決算日】　　　　　　　　　　　　　　　　　　　　（単位：千円）

（借）デリバティブ取引 （資　　産）	50,000	（貸）トレーディング利益	50,000

② みなし決済損失の計上

スワップ取引の決算日における時価が▲40,000千円であった。

【決算日】　　　　　　　　　　　　　　　　　　　　（単位：千円）

（借）トレーディング損失	40,000	（貸）デリバティブ取引 （負　　債）	40,000

（4）スワップ取引の解約

契約期間満了を待たずにスワップ取引契約を解約する場合には，契約解除時点におけるスワップの時価にて精算されます。

① 解約手数料を受け取る場合

スワップ取引の解約時の時価が30,000千円であった。

【解約日】　　　　　　　　　　　　　　　　　　　　（単位：千円）

（借）約定見返勘定	30,000	（貸）トレーディング利益	30,000

【受渡日】

（借）現金及び預金	30,000	（貸）約定見返勘定	30,000

② 解約手数料を支払った場合

スワップ取引の解約時の時価が▲20,000千円であった。

【解約日】　　　　　　　　　　　　　　　　　　　　（単位：千円）

（借）トレーディング損失	20,000	（貸）約定見返勘定	20,000

【受渡日】

（借）約定見返勘定	20,000	（貸）現金及び預金	20,000

Q3-12 組込デリバティブの会計処理

組込デリバティブの会計処理はどのように行うのでしょうか。

Answer Point

- 複合金融商品に組み込まれたデリバティブを組込デリバティブといいます。組込デリバティブは，要件を満たすと組込み対象となる金融資産または負債と区分して時価評価する必要があります。これを区分処理といいます。
- 組込デリバティブの会計処理は，企業会計基準適用指針第12号「その他の複合金融商品（払込資本を増加させる可能性のある部分を含まない複合金融商品）に関する会計処理」（以下，「適用指針」という）に定められています。

解説

（1）組込デリバティブの概要

デリバティブは，預金，債券，貸付金，借入金等に組み込まれることで，複合金融商品を組成します。この，複合金融商品に組み込まれたデリバティブを組込デリバティブといいます。

組込デリバティブは，次のすべての要件を満たした場合，区分して時価評価し，評価差額を当期の損益として処理（区分処理）します。

(1) 組込デリバティブのリスクが現物の金融資産又は金融負債に及ぶ可能性があること
(2) 組込デリバティブと同一条件の独立したデリバティブが，デリバティブの特徴を満たすこと

⑶ 当該複合金融商品について，時価の変動による評価差額が当期の損益
　　に反映されないこと

（出所：適用指針第3項）

　なお，組込デリバティブを区分して管理している場合は3要件を満たさずと
も区分処理することが認められています（適用指針第4項）。証券会社におい
て仕組債などを組成する場合には，組込デリバティブを区分して管理している
ため，このような処理を採用しているケースが多いものと思われます。

　逆に3要件を満たしても複合金融商品の時価の測定はできますが，合理的に
組込デリバティブのみを区分して測定できない場合は，区分処理せず複合金融
商品全体を時価評価し，評価差額を当期の損益に計上しなければなりません
（適用指針第9項）。証券会社の場合，組込デリバティブを区分して測定する能
力は比較的有しているものと考えられますが，他社が組成した仕組債などをト
レーディング勘定において商品有価証券として売買する場合には，結果的に区
分処理をせず複合金融商品全体を時価評価して，評価差額を当期の損益に計上
しているケースが多いものと思われます。

（2）複合金融商品組成時の会計処理

　前述のとおり，証券会社では仕組債などの複合金融商品を組成して販売する
ことを主要な業務として行っています。以下では，仕組債の一種である他社株
転換債（買建ての株式のプット・オプションが組み込まれた債券）を組成する
ケースを例に，その会計処理を確認します。

　他社株転換債は，株価が下がるほど保有者（投資家）の損失が拡大し，現物
の元本を毀損する可能性があり，購入する投資家から見た場合，この他社株転
換債に組み込まれたデリバティブは一般的には会計上の区分処理の3要件を満
たすものであると考えられています。

【前提条件】

- 現物債券の約定時の時価：10,000千円
- 約定時のオプションの正味の価値：350千円
- 利率：現物債券はLIBOR（ここでは0.5%とする）

  仕組債は4％（うち3.5%はオプション・プレミアム相当分）
- 利払日：年1回（償還時とする）
- 期間：20X0年4月1日から20X1年3月31日（1年間）
- 償還条件：参照株価が10,000円以上の場合…額面

  参照株価が10,000円よりも低い場合…株式現物（1,000株）
- 決算日：20X1年3月31日

なお，仕組債は多くの場合，図表3-12のとおり，信用力の高い発行体が発行する債券と組込デリバティブのキャッシュ・フローを合成するために組成されたSPC（特別目的会社）を通じて投資家に提供されています。

図表3-12

【他社株転換債のキャッシュ・フロー（発行・利払）】

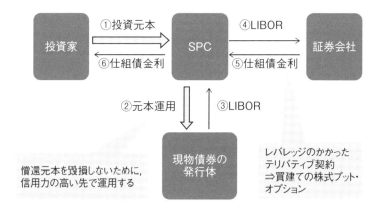

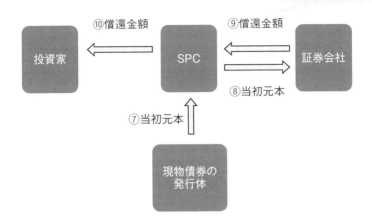

【他社株転換債のキャッシュ・フロー（償還）】

償還は当初元本の
額面または参照株式
現物のいずれか

以上を前提として証券会社の仕訳を示すと以下のとおりです。

① 発行時 （単位：千円）

| （借）デリバティブ取引 （資　　　産） | 350 | （貸）約定見返勘定 | 350 |

② 償還時

(a) 満期日での参照株価が12,000円の場合

1．発行体からの償還金額および現物債券利息の受領（図表中の⑧と④）

（単位：千円）

| （借）現金及び預金 | 10,050 | （貸）仮　受　金 | 10,000 |
| | | トレーディング利益 | 50 |

2．オプションの権利放棄 （単位：千円）

| （借）トレーディング損失 | 350 | （貸）デリバティブ取引 （資　　　産） | 350 |

３．投資家への償還金額および仕組債利息の支払（図表中の⑨と⑤）

（単位：千円）

（借）仮　受　金	10,000	（貸）現金及び預金	10,400[※1]
トレーディング損失	50		
約定見返勘定	350		

※１　このうち，合計400千円が仕組債の利息として支払われるものです。

(b)　満期日での参照株価が7,000円の場合

１．発行体からの償還金額および現物債券利息の受領（図表中の⑧と④）

（単位：千円）

| （借）現金及び預金 | 10,050 | （貸）仮　受　金 | 10,000 |
| | | トレーディング利益 | 50 |

２．オプションの時価評価

（単位：千円）

| （借）デリバティブ取引
　　　（資　産） | 2,650 | （貸）トレーディング利益 | 2,650 |

３．オプションの権利行使による投資家への株式現物による償還（図表中の⑨）

（単位：千円）

（借）約定見返勘定	10,000	（貸）商品有価証券等 　　　（株　式）	7,000
		デリバティブ取引 　　　（資　産）	3,000[※1]
仮　受　金	10,000	約定見返勘定	10,000

※１　参照株式を市場から時価7,000千円（＝株価7,000円×1,000株）で購入して，投資家に当初価格10,000千円で売却することで，証券会社は3,000千円の利益を得ます。

４．投資家への仕組債利息の支払（図表中の⑤）　　　　　（単位：千円）

| （借）トレーディング損失 | 50 | （貸）現金及び預金 | 400[※2] |
| 約定見返勘定 | 350 | | |

※２　この合計400千円が仕組債の利息として支払われるものです。

3　信用取引

Q3-13 ＼信用取引

信用取引について教えてください。

Answer Point

- 信用取引は，株式市場の流動性向上と円滑・公正な価格形成のため，証券会社が顧客に有価証券の買付資金または売付有価証券を貸し付けて売買を行う取引です。
- 信用取引には，制度信用取引と一般信用取引があります。

解　説

(1) 定　義

　金融商品取引法上，信用取引とは証券会社が顧客に信用を供与して行う有価証券の売買その他の取引と定義されています（金商法第156条の24第1項）。一般的には顧客が金融商品取引所に上場している株式の売買を行う際に，証券会社が顧客に買付けのための資金または売付けのための有価証券を貸し付けて（信用を供与して），売買を行う取引です。信用取引は，株式市場に潜在的な需給を取り込み，株式市場の発展と円滑・公正な価格形成の確保に貢献しています。

(2) 取引概要

① 　信用の供与

　証券会社は，顧客の信用取引注文に基づいて買付けのための資金または売付けのための有価証券の貸付けの信用供与を行いますが，この信用供与を行う際

に，信用取引による過当投機の抑制や価格変動による本担保価値の減少をカバーするため，証券会社は顧客から一定の保証金（委託保証金）または代用有価証券を受領します。

当該保証金または代用有価証券受領後に，証券会社は株式売買取引のための資金または有価証券を顧客に貸し付けます。

信用買いの顧客は購入した株式を，信用売りの顧客は有価証券の売却代金を，それぞれ信用供与した証券会社に差し入れます。

② 信用取引の金利と信用取引貸株料等

(a) 金　利

証券会社は顧客の信用買いの場合，買付代金の融資に対する金利を顧客から授受し，顧客の信用売りの場合，顧客が差し入れた売却代金に対する金利を顧客に支払います。

(b) 信用取引貸株料

顧客の信用売りの場合，株券の貸付けの対価として証券会社が顧客から授受します。

③ 権利処理

金融商品取引所では，権利処理方法を，制度信用取引（**（3）**参照）についてのみ定めています。

配当金の場合，証券会社は，税金相当額を差し引いた配当落調整額を，信用買いの顧客に支払い，信用売りの顧客から受け取ります。

株式分割等の権利が付与された場合，その新株式や権利を金銭に換算した権利処理価格に株式数を乗じた金額を，信用買いの顧客に支払い，信用売りの顧客から受け取ります。

④ 信用取引の決済

顧客が信用取引の売建株・買建株を弁済する方法としては，反対売買（差金決済）による方法と，受渡決済（現渡しまたは現引き）による方法があります。

　(a)　反対売買

　信用買いの場合，買い付けていた株式を売却し（転売），その売却代金で当初融資を受けていた買付代金の返済をします。信用売りの場合，証券会社に差し入れていた売却代金を原資に株式の買付けを行い（買戻し），当初融資を受けていた貸付株式の返済をします。

　(b)　受渡決済

　信用買いの場合，証券会社は顧客から買付資金の返済を受け，担保として受け入れていた買付株式を引き渡します（現引き）。信用売りの場合，証券会社は，顧客から貸株と同種・同等の株式の返済を受け（現渡し），担保として受け入れていた売却代金を引き渡します。

図表3-13-1　信用取引

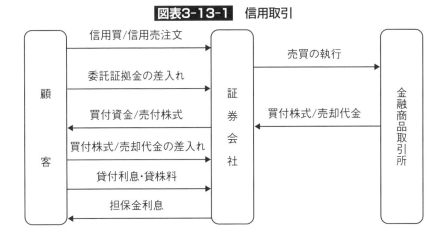

(3) 信用取引の種類

　信用取引には，制度信用取引と一般信用取引があります。

　制度信用取引は，金融商品取引所が選定した制度信用銘柄を対象に，品貸料，返済期限，権利処理方法について取引所の規則により規定されています。証券会社が信用取引の必要な資金や株券を調達するために証券金融会社の貸借取引を利用することができます（Q3-14参照）。

　一般信用取引は，対象銘柄に制限はなく，品貸料や返済期限等も顧客と証券会社との間で自由に決定されます。

図表3-13-2 制度信用取引と一般信用取引との比較

	制度信用取引	一般信用取引	（参考）現金取引
買付代金／売付株式	証券会社から借入 （保証金を差入）	証券会社から借入 （保証金を差入）	本人が用意
取引対象銘柄	取引所が選定	証券会社が選定 （原則全上場銘柄）	全上場銘柄
期限	最長6か月	証券会社が決定	なし
取引コスト	委託手数料，金利，貸株料，品貸料，他	委託手数料，金利，貸株料，品貸料，他	委託手数料，他
品貸料	取引所が決定	証券会社が決定	なし
配当金	配当金相当額を売方⇒買方に支払	証券会社が定めたルールで処理	配当金を受取
株主の権利	原則，金銭処理 議決権，株主優待は対象外	証券会社が定めたルールで処理	全ての株主権を取得

※　制度信用から一般信用，一般信用から制度信用というような途中での変更はできない。
※　制度信用の場合のみ，証券会社は貸借取引を利用することができる。
（出所：日本取引所グループホームページ「資料『信用取引制度の概要』」9頁，2019年7月，東証株式部信用取引グループ（https://www.jpx.co.jp/equities/trading/margin/outline/tvdivq0000007szb-att/shinyo2019.pdf））

Q3-14 制度信用取引で利用する貸借取引

制度信用取引で利用する貸借取引について教えてください。

Answer Point

- 貸借取引とは，信用取引を円滑に実施するため，証券金融会社が，証券会社に対して，信用取引に必要な資金や株式を貸し付ける取引です。

解説

(1) 定　義

　貸借取引とは，証券金融を専門とする証券金融会社が，証券会社に対して，信用取引に必要な資金や株式を，取引所の決済機構を通じて貸し付ける取引です。

　信用取引導入時は，証券会社に対して，株式担保による資金の貸付けや資金担保による株式の貸付けを安定的に行う機関がありませんでした。そこで，信用取引を円滑に行うために証券金融を専門に行う金融機関として証券金融会社が設立され貸借取引制度が実施されました。

(2) 貸借取引の概要

①　融資と貸株

　証券会社は，信用取引に必要な資金や株式を自己融資や自己貸株で調達するほか，証券金融会社との貸借取引により調達します。

　貸借取引の申込みを受けた証券金融会社は，取引所の決済機構を通じて，証券会社に資金または株式の貸付けを行います。

　融資の場合，証券金融会社が，融資を申し込んだ証券会社に代わり買付代金

を取引所の決済機構に引き渡し，融資の担保として買い付けた株式を受け取ります。貸株の場合，証券金融会社が，貸株を申し込んだ証券会社に代わり売付株式を取引所の決済機構に引き渡し，貸株の担保として売却代金を受け取ります。

② 貸借担保金

貸借取引による融資または貸株を申し込む証券会社は，証券金融会社の債権保全のため，所定の金銭を，融資・貸株の担保（貸借担保金）として，証券金融会社に差し入れます。貸借担保金は，委託保証金と同様に有価証券をもって代用することができます。

③ 貸借値段と更新差金

貸借取引は，貸付申込日の終値を基準に決定された値段に基づいて行われ，この値段を貸借値段といいます。貸借取引の貸付価額や貸株価額は貸借値段に基づいて決定されます。

貸借値段は日々変更するので，貸付価額・貸株価額が変更し，その変更によって生じる差額は更新差金として，証券金融会社と証券会社の間で日々授受されます。

④ 貸借取引金利

貸借取引により融資を受けている場合には，証券会社は証券金融会社に対して，融資に関連した所定の金利を支払います。

貸借取引により株式の貸付けを受けている場合には，証券会社は証券金融会社に，株式の貸付けの担保として証券金融会社に貸し付けた株式の売却代金に相当する金額を差し入れます。これを貸株代り金といいます。証券会社は，貸株代り金に関連した所定の金利を受け取ります。

⑤ 貸借取引貸株料・品貸料

貸借取引により株式の貸付けを受けている場合には，証券会社は，貸株価額に対して一定率（年率）を乗じた額を貸借取引貸株料として証券金融会社へ支

払います。

　貸借取引において，証券金融会社に貸株が不足している場合には，証券金融会社は証券会社等へ品貸料を支払って株式の調達をします。この場合，証券会社は，信用売りの顧客の場合，信用売りの顧客から受け取った品貸料を証券金融会社に支払い，信用買いの顧客の場合，証券金融会社から受け取った品貸料を顧客に支払うことになります。

図表3-14　制度信用取引と貸借取引

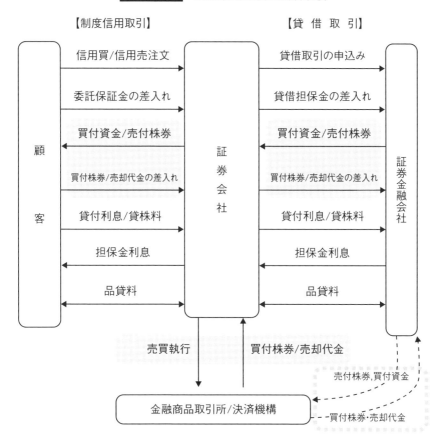

（注）　　　　　　の権利関係は,実際には　　　　　　の流れで行われる。

Q3-15 信用取引の会計処理

信用取引の会計処理はどのように行うのでしょうか。

Answer Point ☝ ....

- 信用取引における固有の勘定科目とその内容等は，統一経理基準に規定されています。
- 金融取引として処理するため，受渡日基準で認識します。

(1) 信用取引における固有の勘定科目とその内容

　証券会社が信用取引を会計処理する場合の勘定科目は，統一経理基準で定められています。

　信用取引に関する貸借対照表項目は，正常営業循環基準の適用によりすべて流動項目に区分されます。

図表3-15　信用取引固有の勘定科目

区分	大科目	中科目	内　　容
流動資産	信用取引資産	信用取引貸付金	顧客（他の金融商品取引業者を含む。以下同じ。）の信用取引に係る有価証券の買付代金相当額
		信用取引借証券担保金	貸借取引により証券金融会社に差し入れている借証券担保金及び他の金融商品取引業者に差し入れている担保金でこれと同様の性質を有するもの
	短期差入保証金	信用取引差入保証金	貸借取引又は信用取引に関し，証券金融会社又は他の金融商品取引業者に差し入れている保証金

区分	大科目	中科目	内　　容
流動負債	信用取引負債	信用取引借入金	証券金融会社からの貸借取引に係る借入金及び他の金融商品取引業者からの信用取引による借入金
		信用取引貸証券受入金	顧客の信用取引に係る有価証券の売付代金相当額
	受入保証金	信用取引受入保証金	顧客から信用取引の委託保証金として受け入れている現金
営業収益	金融収益	信用取引収益	信用取引又は貸借取引により発生した受取利息及び品貸料
金融費用	金融費用	信用取引費用	信用取引又は貸借取引により発生した支払利息及び品借料

(出所：統一経理基準　Ⅰ貸借対照表科目に関する有価証券関連業固有の勘定科目とその内容・計上基準，Ⅱ損益計算書科目に関する有価証券関連業固有の勘定科目とその内容・計上基準)

　これより，信用買取引と信用売取引に区分して会計処理例を提示します。

(2) 信用買取引の会計処理

① 取引概要：顧客の買付け

　顧客は信用取引のために証券会社に保証金300千円を差し入れた。

　顧客はA銘柄を約定値段1株700円で1,000株（総額700千円）を信用取引で買い付けた。この時の貸借値段は1株750円であった。

　顧客はA銘柄を約定値段1株800円（総額800千円）で反対売買により売埋めを行った。この時の貸借値段は800円であった。

　証券会社は貸借取引制度を利用して証券金融会社から融資を受けた。また，委託手数料については記載を省略している。

② 信用取引の買建て

(a) 信用取引

顧客より現金を保証金として受け入れた。　　　　　　　　　　（単位：千円）

（借）現 金 及 び 預 金	300	（貸）信用取引受入保証金	300

顧客の信用貸付代金を取引所に支払った。(＊1)

| (借) 信用取引貸付金 | 700 | (貸) 現 金 及 び 預 金 | 700 |

(b) 貸借取引

証券金融会社へ貸借担保金（信用取引の委託証拠金に相当）を差し入れた。

（単位：千円）

| (借) 信用取引差入保証金 | 300 | (貸) 現 金 及 び 預 金 | 300 |

証券金融会社から借入れを受けた。(＊2)

| (借) 現 金 及 び 預 金 | 750 | (貸) 信用取引借入金 | 750 |

(注) なお，実際は証券金融会社から取引所に対して現金の授受が行われるため，記帳は（＊1）と（＊2）をネットして行われるケースが多い。

| (借) 信用取引貸付金 | 700 | (貸) 信用取引借入金 | 750 |
| 現 金 及 び 預 金 | 50 | | |

③ 更新差金

貸借値段が750円から850円へ変更された。

(a) 信用取引

| 仕訳なし |

(b) 貸借取引

貸借値段は毎日値洗いされ，証券金融会社と証券会社の間で更新差金の授受が行われる。

| (借) 現 金 及 び 預 金 | 100 | (貸) 信用取引借入金 | 100 |

④ 利息の発生

(a) 信用取引

売埋取引までに，信用取引貸付金に関する利息が総額30千円発生した。顧客取引で発生した利息の資金授受は売埋取引時に行うため，取引期間は経過勘定で収益認識する。

| （借）未収収益（利息） | 30 | （貸）信用取引収益 | 30 |

(b)　貸借取引

証券金融会社に信用取引借入金に関する利息1日分2千円を支払った。制度貸借取引で発生する金利は日々決済する。

| （借）信用取引費用 | 2 | （貸）現金及び預金 | 2 |

⑤　信用買取引（決済）

(a)　信用取引（＊3）

反対売買による代金を受け入れた。

| （借）現金及び預金 | 800 | （貸）顧客からの預り金 | 800 |

【信用取引貸付金の処理】

・信用取引貸付金と顧客からの預り金の相殺

| （借）顧客からの預り金 | 700 | （貸）信用取引貸付金 | 700 |

・未収収益の資金決済

| （借）顧客からの預り金 | 30 | （貸）未収収益（利息） | 30 |

(b)　貸借取引（＊4）

証券金融会社への信用取引借入金を返済した。

| （借）信用取引借入金 | 850 | （貸）現金及び預金 | 850 |

(注)　なお，実際は証券金融会社から取引所に対して現金の授受が行われるため，記帳は（＊3）と（＊4）をネットして行われるケースが多い。

（借）信用取引借入金	850	（貸）信用取引貸付金	700
		顧客からの預り金	70
		未収収益（利息）	30
		現金及び預金	50

(3) 信用売取引の会計処理

①　取引概要：顧客の売付け

・顧客は信用取引のために証券会社に保証金300千円を差し入れた。

- 顧客はＡ銘柄について約定値段１株700円で1,000株（総額700千円）を信用取引で売り付けた。この時の貸借値段は750円であった。
- 顧客はＡ銘柄について約定値段１株800円（総額800千円）で反対売買を行った。この時の貸借値段は800円であった。
- 証券会社は貸借取引制度を利用して証券金融会社からＡ銘柄を借り入れた。また，委託手数料については記載を省略している。

② 信用取引の売建て

(a) 信用取引

顧客より現金を保証金として受け入れた。　　　　　　　　　（単位：千円）

（借）現 金 及 び 預 金	300	（貸）信用取引受入保証金	300

顧客の信用売却代金を取引所から受領した。（＊１）

（借）現 金 及 び 預 金	700	（貸）信用取引貸証券受入金	700

(b) 貸借取引

証券金融会社へ貸借担保金（信用取引の保証金に相当）を差し入れた。

（借）信用取引差入保証金	300	（貸）現 金 及 び 預 金	300

証券金融会社に貸株申込を行い，信用売却代金を差し入れた。（＊２）

（借）信用取引借証券担保金	750	（貸）現 金 及 び 預 金	750

（注）　なお，実際は証券金融会社から取引所に対して現金の支払が行われるため，記帳は（＊１）と（＊２）をネットして行われるケースが多い。

（借）信用取引借証券担保金	750	（貸）信用取引受入保証金	700
		現 金 及 び 預 金	50

③ 更新差金

貸借値段が750円から800円へ変更された。

(a) 信用取引

仕訳なし

（b）　貸借取引

貸借値段は毎日値洗いされ，証券金融会社と証券会社の間で更新差金の授受が行われる。

（借）信用取引借証券担保金	50	（貸）現 金 及 び 預 金	50

④　利息の発生

（a）　信用取引

反対売買時までに，信用取引貸証券受入金に関する利息が総額10千円発生した。顧客取引で発生した利息の資金授受は反対売買時であるため，取引期間は経過勘定で費用認識する。

（借）信 用 取 引 費 用	10	（貸）未払費用（利息）	10

（b）　貸借取引

証券金融会社より信用取引に関する利息1日分2千円を受領した。貸借取引で発生する金利は日々決済する。

（借）現 金 及 び 預 金	2	（貸）信 用 取 引 収 益	2

⑤　信用売取引（決済）

（a）　信用取引（＊3）

顧客の反対売買による株式買入代金を取引所に支払った。

（借）顧 客 へ の 立 替 金	800	（貸）現 金 及 び 預 金	800

【信用取引貸証券受入金の処理】

・信用取引貸証券受入金と顧客への立替金との相殺

（借）信用取引貸証券受入金	700	（貸）顧 客 へ の 立 替 金	700

・未払費用の決済

（借）未払費用（利息）	10	（貸）顧 客 へ の 立 替 金	10

（b）　貸借取引（＊4）

証券金融会社から借り入れたA銘柄を返済し，信用売却代金の返却を受けた。

| （借）現 金 及 び 預 金 | 800 | （貸）信用取引借証券担保金 | 800 |

（注）　なお，実際は証券金融会社から取引所に対して現金の授受が行われるため，記帳は（＊3）と（＊4）をネットして行われるケースが多い。

（借）信用取引貸証券受入金	700	（貸）信用取引借証券担保金	850
顧 客 へ の 立 替 金	90		
未 払 費 用（利息）	10		
現 金 及 び 預 金	50		

Q3-16　有価証券貸借取引（現金担保付債券貸借取引）と現先取引

有価証券貸借取引（現金担保付債券貸借取引）と現先取引について教えてください。

Answer Point

- 現金担保付債券貸借取引とは現金を担保とする債券貸借取引で，貸借期間終了後には貸出の対象銘柄と同種・同量の有価証券を返却する有価証券の消費貸借取引です。
- 現先取引とは，一定期間後に一定価格で反対売買を行うことをあらかじめ約束して行う売戻しまたは買戻し条件付売買取引のことをいいます。
- ともに証券会社の債券や資金の調達手段として利用されています。

証券会社は，手持在庫を利用した資金調達手段として，または，手持在庫がない場合に有価証券を売却したときの有価証券調達手段として，現金担保付有価証券貸借取引や現先取引を活発に利用しています。対象証券が債券の場合には債券貸借取引，債券現先取引といいます。以下，短期金融市場の中核的な役割をなしている現金担保付債券貸借取引や現先取引についての概略を説明します。

（1）現金担保付債券貸借取引

①　定　義

　現金担保付債券貸借取引とは，現金を担保とする債券貸借取引で，貸借期間終了時には貸し出された債券銘柄と同種・同量の債券を返却する債券の消費貸借取引です。

②　仕組みと特徴

　約定後，取引開始時に，債券の貸手は手持ちの債券を借手に差し出す一方，債券の借手から担保金を受け取ります。貸借期間終了時にはその逆の取引が行われます。すなわち，債券の貸手は貸し付けた債券返却を受け，債券の借手へ担保金を返却します。

　債券の貸手は受け取った現金担保についての利息を支払う一方，債券の借手は借り入れた債券に対して賃借料を支払います。この担保金利利率と債券貸借料率との差が，資金調達コスト・債券運用収益となり，通常レポレートと呼ばれています。

　現金担保付債券貸借取引には，対象となる債券の銘柄を特定しない（資金を調達・運用することを主目的とする）GC取引（General Collateral，非特定銘柄取引）と，債券の借入者が，指定した銘柄・回号の債券を借り入れること（債券を調達）を主目的とするSC取引（Special Collateral，特定銘柄取引）があります。

　債券貸借取引契約には，取引の安定性を図るべく，さまざまな条項を設定することが可能です。たとえば，取引開始時の担保金を債券の時価よりも低く設定することがあります（ヘアカット）。また，取引開始後の借入債券の時価変動により，担保金額の過不足の調整が可能です（マージンコール）。さらに，取引相手が債務不履行に陥った場合，債券貸借取引にかかる債権債務をすべて相殺する条項を設定することができます（一括清算）。

図表3-16-1 現金担保付債券貸借取引の仕組み

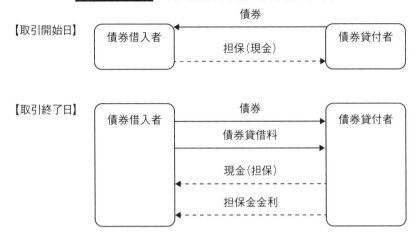

（2）現先取引

① 定　義

　現先取引とは，売買の当事者間同士で一定期間後に一定価格で反対売買を行うことをあらかじめ約束して行う売戻しまたは買戻し条件付売買取引（売買契約）のことをいいます。

② 仕組みと特徴

　約定後，取引開始時に，債券の売手は手持ちの債券を買手へ売却する一方，その代金を債券の買手より受け取ります。取引終了時にはその逆の動きとなります。現金担保付債券貸借取引とは異なり，資金調達コスト/運用収益は取引開始時の売買代金と反対売買時の売買代金の差額のみとなります。これを利率換算したものを現先レートといいます

　現先取引においても，取引安定性や海外の現先取引との整合性を図るために，現金担保付債券貸借取引のように，ヘアカット，マージンコールや一括清算条項の設定が可能です。また，個別取引管理のため，当初の取引期間中に取引を終了させ，当初の取引と同じ取引終了日，銘柄，額面金額，現先レートで取引を開始させる再評価取引（リプライシング）や，取引期間中に債券の売手

が債券の買手に受け渡している債券を差し替えること（サブスティテューション）ができます。

図表3-16-2 現先取引の仕組み

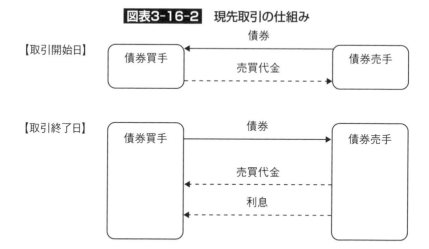

Q3-17 有価証券貸借取引（現金担保付債券貸借取引）・現先取引の会計処理

有価証券貸借取引（現金担保付債券貸借取引）・現先取引の会計処理はどのように行うのでしょうか。

Answer Point

- 有価証券貸借取引（現金担保付）・現先取引における固有の勘定科目とその内容等は，統一経理基準に規定されています。
- 金融取引として処理するため，受渡日基準で認識します。

解説

（1）有価証券貸借取引（現金担保付）と現先取引における固有の勘定科目とその内容

証券会社が，有価証券貸借取引・現先取引を会計処理する場合の勘定科目は統一経理基準で定められています。

有価証券貸借取引（現金担保付）および現先取引に関する貸借対照表項目は，正常営業循環基準の適用によりすべて流動項目に区分されます。したがって，たとえば契約期間が1年を超える取引も流動項目に区分されます。

① 有価証券貸借取引

区分	大科目	中科目	内　　容
流動資産	有価証券担保貸付金	借入有価証券担保金	債券貸借取引等の消費貸借契約に基づき借り入れた有価証券の担保として，当該取引相手方に差し入れている取引担保金

流動負債	有価証券担保借入金	有価証券貸借取引受入金	債券貸借取引等の消費貸借契約に基づき貸し付けた有価証券の担保として当該取引相手方より受け入れている取引担保金
営業収益	金融収益	有価証券貸借取引収益	有価証券貸借取引により発生した収益
金融費用	金融費用	有価証券貸借取引費用	有価証券貸借取引により発生した費用

② 現先取引

区分	大科目	中科目	内　容
流動資産	有価証券担保貸付金	現先取引貸付金	売戻条件付債券等買取引に係る受渡代金相当額及び差し入れている取引担保金
流動負債	有価証券担保借入金	現先取引借入金	買戻条件付債券等売取引に係る受渡代金相当額及び受け入れている取引担保金
営業収益	金融収益	現先取引収益	現先取引により発生した収益
金融費用	金融費用	現先取引費用	現先取引により発生した費用

（出所：①および②　統一経理基準　Ⅰ貸借対照表科目に関する有価証券関連業固有の勘定科目とその内容・計上基準，Ⅱ損益計算書科目に関する有価証券関連業固有の勘定科目とその内容・計上基準）

　これより，有価証券貸借取引（現金担保付）と現先取引に区分して会計処理例を提示します。

（2）有価証券貸借取引（現金担保付）の会計処理

　貸借期間1年，担保金1,000千円，品借料2％，担保金利5％の有価証券貸借取引を行った。

① 取引開始日

（a）債券の借手　　　　　　　　　　　　　　　　　　　　（単位：千円）

（借）借入有価証券担保金　1,000　（貸）現 金 及 び 預 金　1,000

（b）債券の貸手

（借）現 金 及 び 預 金　1,000　（貸）有 価 証 券 貸 借 取 引 受 入 金　1,000

② 関連収益

有価証券貸借取引の関連損益（担保金利息および貸借債券の品貸・品借料）を認識する。なお，取引終了日までに決算期が到来した場合には経過勘定により収益・費用認識する。

(a) 債券の借手

担保金利息：

| （借）現 金 及 び 預 金 | 50 | （貸）有価証券貸借取引収益 | 50 |

品借料：

| （借）有価証券貸借取引費用 | 20 | （貸）現 金 及 び 預 金 | 20 |

(b) 債券の貸手

担保金利息：

| （借）有価証券貸借取引費用 | 50 | （貸）現 金 及 び 預 金 | 50 |

品貸料：

| （借）現 金 及 び 預 金 | 20 | （貸）有価証券貸借取引収益 | 20 |

③ 取引終了日

(a) 債券の借手

| （借）現 金 及 び 預 金 | 1,000 | （貸）借入有価証券担保金 | 1,000 |

(b) 債券の貸手

| （借）有 価 証 券 貸 借
取 引 受 入 金 | 1,000 | （貸）現 金 及 び 預 金 | 1,000 |

④ マージンコール

貸借期間中に債券の借手から貸手へマージンコール30千円があった場合(例：債券時価下落に伴う，資金の返却）には，資金の受渡日に以下の会計処理を行う。

(a) 債券の借手

| （借）現 金 及 び 預 金 | 30 | （貸）借入有価証券担保金 | 30 |

(b) 債券の貸手

(借) 有価証券貸借取引受入金	30	(貸) 現金及び預金	30

(3) 現先取引の会計処理

　取引開始日に取引開始金額1,000千円，取引終了金額1,050千円で現先取引を実行した。

① 取引開始日

(a) 債券の買手　　　　　　　　　　　　　　　　　　　　（単位：千円）

(借) 現先取引貸付金	1,000	(貸) 現金及び預金	1,000

(b) 債券の売手

(借) 現金及び預金	1,000	(貸) 現先取引借入金	1,000

② 取引終了日

　現先取引の関連収益（取引開始金額と取引終了金額の差額）を認識する。なお，取引終了日までに決算期が到来した場合には経過勘定により収益・費用認識する。

(a) 債券の買手

(借) 現金及び預金	1,050	(貸) 現先取引貸付金	1,000
		現先取引収益	50

(b) 債券の売手

(借) 現先取引借入金	1,000	(貸) 現金及び預金	1,050
現先取引費用	50		

③ マージンコール

　現先取引期間中に，債券の買手から売手へマージンコール30千円があった場合（例：債券時価下落に伴う，資金の返却）には，資金の受渡日に以下の会計処理を行う。

(a)　債券の買手

(借) 現 金 及 び 預 金　　30　　(貸) 現 先 取 引 貸 付 金　　30

(b)　債券の売手

(借) 現 先 取 引 借 入 金　　30　　(貸) 現 金 及 び 預 金　　30

4 委託取引

委託取引と自己勘定取引の違いについて教えてください。

Answer Point

- 委託取引も自己勘定取引も証券会社自らの名義で行われる取引である点で共通ですが，顧客の計算で実施される取引が委託取引であり，自らの計算で実施される取引が自己勘定取引となります。
- 委託取引により売買される有価証券は，証券会社の財務諸表上ではオンバランスされません。別途，顧客口座にて取引残高が記録・管理されます。

解説

（1）委託取引

　委託取引は，ブローカレッジとも呼ばれ，顧客である投資家からの売買依頼を受けて，投資家の計算により，証券会社が自らの名義で行う取引です。

　上場株式の取引所での売買取引を例に説明すると，取引所で直接に取引を行うことができるのは，取引参加者である証券会社に限定されているため，一般の投資家は取引参加者である証券会社に株式売買を取り次いでもらうことになります。証券会社は，顧客である投資家の注文を受けて，自らの名義で取引所において取引を執行します。

　委託取引では，投資家からの委託を受けた証券会社の名義で取引が実行されることになりますが，その取引から生じる損益はすべて委託者である投資家に帰属します。投資家から有価証券の売却を委託された場合は，証券会社は自ら

の名義で相手方に売却しますが，その売却代金は投資家に帰属します。また，証券会社は有価証券の購入を委託された場合は，自らの名義で相手方から購入しますが，その購入代金については投資家から支払を受けることになります。

　このように委託取引は，その経済的効果が顧客に帰属する取引であるため，売買対象となった有価証券は証券会社の自己勘定，すなわち財務諸表上では認識されません。委託取引による有価証券の増減は，証券会社が管理している顧客口座に記録され管理されます。

　また，委託取引では，証券会社は投資家に代わって取引を実行することで，その対価として投資家から手数料を得ることになります。

（2）自己勘定取引

　自己勘定取引とは，証券会社が自己の計算で行う取引をいいます。証券会社が自らの資金を使用して，自己の名義で実行する取引であり，ディーリングとも呼ばれます。自己勘定取引では，取引から発生する損益はすべて証券会社自らに帰属することになります。

　自己勘定取引は，市場において証券会社自らの利益確保のために相場変動に基づく収益を獲得するために実行されるケースのほか，顧客である投資家のために相対取引として実行するケースがあります。

　国債や社債をはじめとする債券業務では，自己勘定取引を行うケースが一般的です。取引所に上場されている国債や社債も一部に存在しており，これらは多くの上場株式取引と同様に委託取引の形式で取引が行われることもあります。その一方で，こうした一部の国債や社債を除く債券売買では，顧客の売買ニーズを受けて証券会社が自ら取引相手となり，自己勘定取引を実行します。この場合は，証券会社が在庫として保有する債券を顧客に販売したり，また，顧客の売却する債券を購入したりすることで，自己ポジションで一時的に保有することになります。

　株式業務においても，委託取引の形で顧客の売買注文をそのまま取引所に取り次ぐと，その注文に応じる取引相手が必ずしも見つからない可能性がある場合や，約定金額が大きく崩れてしまう可能性があるような場合には，証券会社自らが顧客の取引相手として自己勘定取引を行うことがあります。

自己勘定取引での投資成果は、トレーディング損益の形で認識されることになります。

(3) 会計処理における相違

自己勘定取引は証券会社が自らの計算で実行する取引であることから、取引一連の処理は自己勘定で記録され、自己ポジションの残高は財務諸表上でオンバランスされることになります。

一方の委託取引では、証券会社は自らの名義で、顧客である投資家に代わり、取引相手方と取引を実行することになりますが、あくまで投資家の計算で行われる取引であり、証券会社は投資家の有価証券売買取引を仲介しているにすぎません。そのため投資家の委託を受けて購入した有価証券は、自己勘定に記録されず貸借対照表にオンバランスされることはありません。売買に伴う売却損益も、委託者である投資家に帰属するものであることから、損益計算書に反映されません。

委託取引から証券会社が受け取る手数料の概要については、Ｑ３-23をご参照ください。

Q3-19 保護預り有価証券の取扱い

顧客が証券会社に預けている有価証券はどのように管理されているのでしょうか。

Answer Point

- 顧客が証券会社に預けている保護預り有価証券は，その大半が電子化されており，実際は保管機関が帳簿上で電子的に管理しています。
- 証券会社では，振替口座簿と呼ばれる帳簿で顧客からの保護預り有価証券残高の管理を行っています。

解 説

(1) 保護預りとは

投資家は，証券会社や銀行などの金融機関を通じて有価証券を購入した場合，有価証券を手元に引き取らずに金融機関に預けることがあります。このように，金融機関が投資家の有価証券の本券（券面）を預かり，管理事務を行うことを「保護預り」と呼びます。金融機関が保護預りを行う場合には，原則として投資家と保護預りに係る契約の締結が必要となります。

しかし，近年においては，盗難や紛失リスクの削減や証券決済システムの効率化などを目的として，各種法制度の整備により有価証券のペーパーレス化が進んでいます。現在においては，国内上場株式・国債・一般社債・投資信託受益権などが電子化済みであり，券面は発行されていません。

電子化された有価証券は，その権利移転等が電子的な記録により行われますが，保管機関（振替機関）が電子記録上で振替処理，データ管理を行います。わが国において，株式・国債以外の債券・投資信託等は，証券保管振替機構が

保管機関として指定されており，国債については日本銀行が保管機関として指定されています。このように電子化された有価証券については，保管機関が電子的に管理を行うことになるため，実際には証券会社が直接的に保護預りを行っているわけではありません。

（2）有価証券の管理

上述したとおり，電子化された有価証券の管理は一義的に指定を受けた振替機関（保管機関）に委ねられることになります。しかし，電子化された有価証券の権利の発生・移転・消滅等は，振替機関のみならず振替機関に口座を開設している口座開設機関（証券会社等の金融機関）の電子的帳簿である振替口座簿への記録により生じることになります。これは，振替制度が，その頂点に位置する振替機関に加えて，その下位に位置する口座開設機関等も一体となって有価証券の権利関係を管理する体系となっていることによるものです。

なお，口座開設機関は，振替口座簿上において，自らが保有する有価証券残高が記録される「自己口」と，その顧客が保有する有価証券残高が記録される「顧客口」を持っています。

図表3-19 振替制度のイメージ図

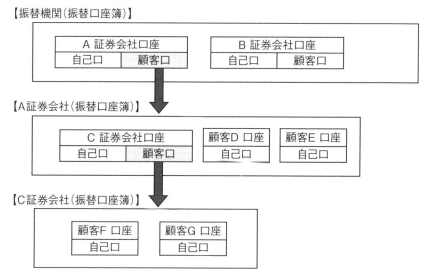

　振替機関に開設されているA証券会社口座の顧客口の内容は，A証券会社が管理する振替口座簿の記録として管理されます。同様に，A証券会社に開設されているC証券会社の顧客口の内容は，C証券会社が管理する振替口座簿の記録として管理されています。

（3）顧客の有価証券の取扱い

　口座開設機関である証券会社の顧客が取引を行い，有価証券の移転が発生した場合には，証券会社は自ら管理する振替口座簿の該当顧客の口座に増減を記録することにより，顧客の有価証券管理を行うことになります。

　図表3-19におけるA証券会社の顧客Dが委託取引により甲株式の買付けを発注し，A証券会社が取引所を通してB証券会社から株式を購入するケースを考えます。決済日において，振替機関のA証券会社の顧客口において甲株式残高の増加が記録されます（同時にB証券会社の顧客口において甲株式残高の減少が記録されます）。そして，A証券会社は，自社の振替口座簿の顧客Dの口座において甲株式残高の増加を記録することにより，顧客の有価証券取引に関する一連の決済処理が完了することになります。

　会計処理においては，顧客の有価証券は証券会社の財務諸表上でオンバランスされておらず，その残高が変動した場合でも直接的に反映されることはありません。ただし，有価証券残高が財務諸表にオンバランスされない一方で，顧客が委託取引にあたり預けている資金は，オンバランスされることになります。顧客からの入出金や売買した有価証券の決済などのタイミングで「顧客からの預り金」が変動することになります。「顧客からの預り金」の詳細はQ3-20をご参照ください。

Q3-20　顧客からの預り金の取扱い

顧客が有価証券売買のために証券会社に預けた資金はどのように処理されることになりますか。

Answer Point ☝

- 証券会社が有価証券売買のために顧客から預かる資金のうち，有価証券の買付けに充てられていないものは「顧客からの預り金」として処理されます。
- 証券総合口座の顧客の資金は，自動的に投資信託であるMRFで運用されることが一般的です。

解説

（1）顧客からの預り金

　顧客が有価証券の買付けのために証券口座に入金し，未だ買付けに充てられていない資金や売り付けた有価証券の売却資金などは，顧客からの預り金として会計処理されます。ただし，一般的な個人投資家が証券会社に開設する証券総合口座に入金された資金は，自動的に投資信託であるMRFの買付けに充てられて運用されることが多く，この場合，買付代金分が預り金残高から減少することになります。

　なお，「顧客からの預り金」は，統一経理基準「Ⅰ貸借対照表科目に関する有価証券関連業固有の勘定科目とその内容・計上基準」において，「有価証券の売買等に伴う顧客からの一時的な預り金」と定義されています。

（2）会計処理

　取引所における株式の委託売買のケースを例にとり，会計処理を記載しま

す。

①　顧客による株式の買付け

(a)　顧客Aが証券口座へ1,500千円入金した。　　　　　　　　（単位：千円）

| (借) 現 金 及 び 預 金 | 1,500 | (貸) 顧客からの預り金 | 1,500 |

(b)　取引約定日

顧客Aが買付注文した取引が取引所にて約定した（委託手数料20千円）。

| (借) 未 収 収 益 （委託手数料相当） | 20 | (貸) 委 託 手 数 料 | 20 |

(c)　決済日

・顧客Aとの買付代金を決済した（購入株式の約定金額1,000千円）。

| (借) 顧客からの預り金 | 1,020 | (貸) 受 渡 勘 定 | 1,000 |
| | | 未 収 収 益 （委託手数料相当） | 20 |

・清算機関（JSCC）との決済

| (借) 受 渡 勘 定 | 1,000 | (貸) 現 金 及 び 預 金 | 1,000 |

②　顧客による株式の売付け

(a)　約定日

顧客Bが売付注文した取引が取引所にて約定した（委託手数料40千円）。

（単位：千円）

| (借) 未 収 収 益 （委託手数料相当） | 40 | (貸) 委 託 手 数 料 | 40 |

(b)　決済日

・顧客Bとの売付代金を決済した（売却株式の約定金額2,000千円）。

| (借) 受 渡 勘 定 | 2,000 | (貸) 顧客からの預り金 | 1,960 |
| | | 未 収 収 益 （委託手数料相当） | 40 |

・売付代金が精算機関（JSCC）で決済され，入金された。

（借）現 金 及 び 預 金	2,000	（貸）受 渡 勘 定	2,000

(c) 顧客Bが証券口座から出金した。

（借）顧客からの預り金	1,900	（貸）現 金 及 び 預 金	1,900

（3）証券総合口座での預り資金の運用

　個人投資家が証券会社に口座を開設する場合は，一般的に証券総合口座が開設されます。証券総合口座は，取引を実施するために必要となる入出金処理や資金・運用資産を一元的に管理する機能を有しています。

　証券総合口座へ入金された資金は，自動スイープと呼ばれる機能によって，自動的に投資信託であるMRFでの運用に充てられることが一般的です。株式や債券の買付けを行う際は，MRFが自動的に解約され買付代金に充当され，有価証券の売却代金や利金・分配金は自動的にMRFの運用に充てられます。

【MRFへの充当】

　顧客Aが証券総合口座へ入金した1,500千円がMRFの買付けに充てられた。

（単位：千円）

（借）顧客からの預り金	1,500	（貸）現 金 及 び 預 金	1,500

　顧客Aが入金した1,500千円のMRFへの充当は，顧客Aが投資信託商品であるMRFの買付けを1,500千円で実行したことと同義であり，決済時点（当日中）で上記の会計処理がなされます。上記仕訳は，証券会社（販売会社）と信託銀行（受託会社）との決済，証券会社と顧客との決済の2つの仕訳を合算した結果となっています。

　なお，MRFはオンバランスされません。

Q3-21　投資信託関連業務

投資信託に関して証券会社はどのような業務を行っているのでしょうか。

Answer Point

- 投資信託に関係する機関として，資産運用を担当する会社（委託会社），資産の保管・管理を担当する信託銀行，そして投資信託の販売を担当する証券会社や銀行などが存在します。
- 証券会社は投資信託を販売することによって，投資家から販売手数料を受領するとともに，委託会社から信託報酬の一部を構成する代行手数料を受け取ります。

解説

（1）投資信託の仕組み

委託会社は，投資家ニーズを反映した投資信託商品を設定します。投資信託の運用資金は，証券会社や銀行などの販売会社が投資家に投資信託を販売することで集められ，信託銀行に預けられます。集められた資金の具体的な運用判断は委託会社が行いますが，運用資産の売買は委託会社からの指図を受けた信託銀行の名義で行われます。

このように，投資信託を取り巻く関係者として，投資家，委託会社，信託銀行，販売会社が登場します。なお，法律上では，投資家は受益者，委託会社は委託者，信託銀行は受託者と呼ばれます。

委託会社は，さまざまな商品性をもった投資信託を設定し，投資家から預った資金を運用する役割を担っています。その他，投資家に対して投資信託説明書（交付目論見書）や，運用報告書の発行を行います。

　信託銀行は，委託会社からの運用指図に基づき実際に取引を執行し，それら信託財産を保管・管理する役割を担います。信託財産については，信託銀行自らの財産とは厳格に区別して保管・管理されています（分別管理）。

　販売会社は，投資家との関係で，口座管理，投資信託の販売・換金，分配金・償還金の支払，運用報告書の交付などを行います。主に証券会社，銀行，郵便局などが販売会社としての役割を担います。

(2) 投資信託の種類

　投資信託は，複数の投資家が拠出した資金を，投資家以外の運用の専門家が，株式・債券・デリバティブなどへの投資として運用し，その投資成果が投資額に応じて投資家に分配される仕組みとなっている金融商品であり，さまざまな種類の投資信託が存在します。

① 株式投資信託・公社債投資信託

　投資信託の運用対象商品の範囲による分類であり，信託約款に株式に投資できる旨が記載されている投資信託が株式投資信託と呼ばれ，信託約款に株式に投資できない旨が記載されている投資信託は公社債投資信託と呼ばれます。

② 上場投資信託（ETF）

　上場投資信託は，その名のとおり，取引所に上場されている投資信託（Exchanged Traded Fund）であり，日経平均やTOPIXなどの特定の指数・指標に連動するよう運用される投資信託です。上場投資信託の販売会社は証券会社のみとなっていますが，証券会社は後述の販売会社としての信託報酬（代行手数料）を得ることはできません。

③ MRF

　MRFはマネー・リザーブ・ファンドの略であり，国内外の公社債や短期の金融商品を中心に運用される公社債投資信託です。購入・換金が1円以上1円単位で行われることに特徴があります。MRFは，個人投資家が取引にあたって証券会社に開設する証券総合口座専用の投資信託商品であり，その申込み・

解約には手数料がかかりません。短期の金融商品を中心に運用されるため，元本が保証されるものではないものの，安全性が高い商品とされています。

（3）投資信託関連業務の報酬体系

　投資信託関連業務から発生する手数料は，その種類に応じて各関係者に分配されます。手数料の種類は，投資家への販売業務に伴う販売手数料と投資信託の運用・管理業務に伴う信託報酬に大別されます。そして，信託報酬は受託者報酬・委託者報酬・代行手数料の各要素に分かれます。

　販売手数料は，投資家に対して販売を行う対価として，販売会社が投資家から受け取る手数料です。同一の投資信託であっても販売会社により手数料金額が異なる場合があり，また，販売手数料が徴収されない「ノーロード型」と呼ばれる投資信託も存在しています。

　受託者報酬は，投資信託に係る信託財産を管理・保管する対価として信託銀行（受託者）に分配される収益であり，委託者報酬は，信託財産の運用指図などの対価として委託会社（委託者）に分配される収益となります。代行手数料は，販売会社が投資家との間で分配金等の支払や，運用報告書の交付などの事務手続（事務代行）の対価として販売会社に分配される収益です。これら信託報酬は，所定の金額が信託財産から差し引かれた上で最終的に各関係者に分配されることになります。

　信託報酬は，投資信託の純資産総額に一定の信託報酬率を乗じて算定されるため，投資信託の信託財産規模が報酬金額を左右します。販売会社が分配を受ける代行手数料も信託報酬の一部であることから，販売会社は投資信託の販売額を増やし，投資信託の信託財産を増加させることで安定的な収益を確保することが可能となります。信託報酬率は投資信託商品ごとに料率が設定されており，投資信託の説明書に当たる目論見書（交付目論見書）等で確認することができます。

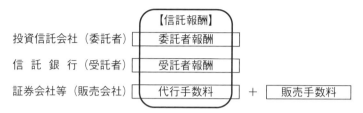

図表3-21　投資信託に関する手数料

(4) 証券会社における会計処理

　投資信託関連業務において証券会社に帰属する販売手数料と代行手数料に関する会計処理は，下記のとおりとなります。

① 販売手数料の計上

　販売手数料は，顧客が購入の申込みを行った時点で認識されます。以下では，当初募集（新規設定）を前提に記載します。

【販売手数料の計上】

　当初募集期間中に，顧客が投資信託の購入申込みと，手数料を含めた購入代金の入金を行った（投資信託の申込価額20,000千円，証券会社の販売手数料100千円）。その後，証券会社は委託会社に対して代金支払を行った。

（単位：千円）

（借）現 金 及 び 預 金	20,100	（貸）	顧客からの預り金	20,100
未 収 収 益	100		募集・売出し・特定投資家向け売付け勧誘等の取扱手数料	100
（借）顧客からの預り金	20,100	（貸）	未 収 収 益	100
			現 金 及 び 預 金	20,000

② 代行手数料の計上

　代行手数料は，投資信託ごとに一定の料率が定められており，（販売会社別

の）純資産残高に応じて算定された手数料金額が，日々，収益として認識されることになります（ただし，実務的には必ずしも日次の手数料計上処理が行われるわけではありません）。

【代行手数料の計上】

委託会社から代行手数料が入金された。手数料100千円。

（借）現 金 及 び 預 金	100	（貸）その他の受入手数料	100

【代行手数料の未収計上】

期末に代行手数料を未収計上した。未収金額20千円。

（借）未 収 収 益	20	（貸）その他の受入手数料	20

Q3-22 清算・決済の仕組み

株式取引，債券取引の清算・決済の仕組みの概略について教えてください。

Answer Point

- 取引所での株式取引の決済では，日本証券クリアリング機構が清算業務を行い，その決済指図データに基づき証券保管振替機構での証券決済，日本銀行・市中銀行での資金決済が行われます。
- 債券取引では，国債取引と一般債取引で決済方法が大きく相違しますが，それぞれの取引においても，必ずしも画一的な決済の仕組みとはなっていません。

解説

(1) 決済までの流れ

取引当事者間で売買が成立した場合，売買対象となった証券と金銭の受渡しまで終えることで，一連の売買取引が完了することになります。取引完了に至るまでのプロセスは，「売買（約定）」，「清算」，「決済」の区分に分かれます。

売買が成立した時点で，売り方は，買い方に対し証券を引き渡す義務（債務）が生じると同時に，買い方から代金を受け取る権利（債権）が発生します。取引後に，売り方は，証券を実際に買い方に引き渡し，代金を受領することにより（買い方は，代金を売り方に引き渡し，証券を受領することにより），これら債権債務が解消されます。このように取引から生じた債権債務が解消されることを決済（セトルメント）と呼びます。その前段階として，清算（クリアリング）が行われることがあります。清算が行われる場合には，決済の準備として，一定の期間中に発生する複数の債権債務のネッティングを行う等により決

済に必要となる情報が効率的に圧縮されることになります。

(2) 取引所における株式取引に係る清算・決済の概要

① 取引所取引の清算・決済（ストリートサイド）

(a) 清　算

取引所を通じた対証券会社取引（ストリートサイドの取引）は，日本証券クリアリング機構（JSCC）が実施する清算業務の対象となります。

取引所で取引が約定すると，売買当事者間の約定取引についてJSCCが債務引受けを行います。JSCCは，売買当事者の債務（売り方：証券引渡義務，買い方：代金支払義務）および対応する債権を，売買当事者から引き受けます。その結果，売買当事者の直接の取引相手はJSCCに置き換わり，最終的に決済をする相手方もJSCCへと置き換わることになります。

決済日（受渡日）において，売買当事者とJSCCとの決済が実施されることになりますが，その前段階として，JSCCは債務引受けにより引き受けた権利関係についてネッティングを行います。ネッティングにより，JSCCと売買当事者間の資金の受取・支払金額，証券の引渡・受取数量についての差引計算が行われ，決済指図に必要となるデータが作成されることになります。なお，株式取引において，決済日は，約定日の3営業日後となっていました。このことを，約定日（Trade date）の3営業日後という意味で，「T + 3」と表すことがあります。なお，2019年7月16日約定分からは決済期間の短縮化（T + 2化）が行われています。

(b) 決　済

株式の決済機関は証券保管振替機構，資金に関する決済機関は日本銀行または民間銀行となります。

決済は，清算により確定した支払指図データに基づき，証券および資金それぞれの決済機関における口座振替が実施されることで完了します。株式については，受渡必要数量が売り方の口座からJSCC口座へ振り替えられ，同時にJSCC口座から買い方の口座へ振り替えられることで完了します。資金については，支払必要額が買い方の口座からJSCC口座へ振り替えられるとともに，JSCC口座から売り方の口座へ振り替えられることで完了します。

　JSCCを介した決済はDVP決済となり，証券および資金ともにネッティングを経た数量・金額で決済が実施されます。なお，DVP（Delivery Versus Payment）決済とは，たとえば証券引渡しと資金支払を同時に行うように，双方の決済を関連づけて行う決済方法であり，一方の決済不履行により相手方が取りはぐれの不利益を被らないようにする決済方法です。

② 顧客との清算・決済

(a) 保護預り顧客との決済

　顧客の委託取引が約定した場合，証券会社は約定データに基づいて，決済日（T＋2）に顧客との決済処理を行います。顧客からの保護預り有価証券は，証券会社の振替口座簿と呼ばれる帳簿上で管理されており，約定データに基づいて帳簿上の残高を増減させることで証券決済が完了します。顧客の保護預り有価証券管理についての詳細はQ3-19をご参照ください。

(b) 保護預り顧客以外の顧客との清算・決済（カスタマーサイド）

　証券保管振替機構への参加者である機関投資家等を顧客とした取引はカスタマーサイドの取引と呼ばれます。カスタマーサイドの清算・決済に関しては，証券保管振替機構が決済機関となる点はストリートサイドの場合と同様ですが，顧客と同意がなされた取引を対象として，ほふりクリアリングによる清算業務が実施される点が異なります。

（3）債券の取引に係る清算・決済の概要

① 国債取引の清算・決済

(a) 清　算

　国債取引に関しては，従来，日本国債清算機関（JGBCC）が清算業務を担っており，その決済に関してJGBCC参加者間ではJGBCCの清算業務を利用することが可能となっていました。現在は，2013年10月1日にJGBCCがJSCCへ吸収合併されたことから，国債取引に関する清算業務はJSCCへと引き継がれています。

　JSCCが利用される場合，国債取引に関して，決済の前段階で，債務引受け，ネッティング等の清算業務が実施されます。

（b）決 済

国債取引に関する証券決済システムは「国債振替決済制度」と呼ばれ，日銀ネット（国債系）が利用されます。国債の決済機関としては日本銀行が該当する一方，銀行や証券会社は日本銀行に振替口座簿を設定しており，その口座振替により決済が行われます。

具体的な決済の方法としては，清算機関であるJSCCを利用する場合や利用しない場合，また，DVP決済が行われる場合や非DVP決済が行われる場合などさまざまなケースが存在しています。

② 一般債取引の清算・決済

一般債の取引に関する決済機関は証券保管振替機構が担っています。証券保管振替機構が実施する一般債の証券決済システムは「一般債振替制度」と呼ばれており，同制度において証券会社や金融機関などは「口座管理機関」と呼ばれます。

一般債の取引に関しては，清算機関が存在しないため「清算」プロセスを経ることなく，当事者間での直接的な決済が行われることになります。一般的にDVP決済が行われるケースが多いものの，非DVP決済が行われるケースも存在します。

図表3-22 取引種類別の清算・決済機関

	国 債	株 式		一般債
		ストリートサイド（取引所を通じた対証券会社間取引）	カスタマーサイド（対顧客取引）	
清算機関	日本証券クリアリング機構（JSCC）		ほふりクリアリング	―
保管機関（振替機関）	日本銀行	証券保管振替機構		

各種取引において，図表3-22に記載した清算機関を使用しない取引も存在します。

5 手数料

Q3-23 受入手数料の種類

受入手数料の種類について教えてください。

Answer Point

- 受入手数料は，顧客の金融商品の売買の取次ぎ，新規に金融商品を発行する際の引受け，不特定多数の投資家の募集などの役務の対価として受け取るものです。
- 一般に，財務諸表上は有価証券関連業固有の勘定科目である委託手数料，引受け・売出し・特定投資家向け売付け勧誘等の手数料，募集・売出し・特定投資家向け売付け勧誘等の取扱手数料，その他の受入手数料に区分表示されます。

解 説

　証券会社は，顧客に次のようなサービスを提供し，対価として手数料を受け取ります。

（1）委託売買（ブローカレッジ）業務

　委託売買とは，自社に証券口座を保有する顧客からの株式・債券・投資信託等の金融商品の売買注文を証券取引所に取り次ぐ業務です。この業務において，証券会社は一般にブローカーと呼ばれます。証券会社が金融商品取引所へ取り次ぎ，取引約定が成立した時点で，顧客からの委託手数料が発生します。

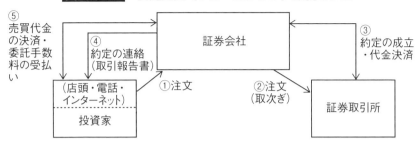

図表3-23 委託売買（ブローカレッジ）業務のフロー

委託手数料は，証券会社ごとに特徴のある手数料体系となっており，有価証券の種類・売買金額のほか，顧客の種類，注文を受けるチャネル別に設定されています。

(2) 引受け・売出し業務と募集・売出しの取扱業務

証券会社は，資本市場における有価証券による資金調達において，投資家と発行企業の間を仲介する機能を担います。具体的には，「引受け・売出し」と「募集・売出しの取扱い」の業務があります。

① 引受け・売出し業務

引受け・売出し業務では，証券会社は，発行企業と有価証券の買取りに関する条件の調整，発行事務の手続，投資家への販売活動を行う契約を結ぶほか，売り出された有価証券のうち投資家に販売しきれなかった残額を買い取る契約を発行企業と結びます。

引受け・売出し業務において，証券会社が有価証券の全部または一部を取得することを「引受責任」と呼びます。これは，証券会社が，発行企業側で目的どおりの資金調達ができないリスクを負担することです。「引受責任」を通じて，発行企業は資金調達を確実にできる一方で，証券会社は有価証券の取得のリスク（いわゆる「募残リスク」）を抱えることになります。

引受け・売出し業務で証券会社が受け取る手数料には，有価証券の発行企業に対する各種事務，投資家の募集・販売業務の対価のほか，こうした「引受責任」の対価として有価証券の発行企業より受け取る手数料があります。

② 募集・売出しの取扱業務

　募集・売出しの取扱業務は，新規に発行される有価証券，または既発行の有価証券について，不特定多数の投資家に対し取得の申込みを勧誘する等の業務です。不特定多数の投資家に有価証券を売るという点は引受け・売出し業務と似ていますが，証券会社によって売り出される有価証券の取得が行われず，「引受責任」が生じない点で相違します。募集・売出しによる手数料は，投資家への販売業務の対価として，通常は有価証券の引受元の証券会社から，募集・売出しに従事した証券会社に対して支払われます。

(3) その他の業務

　上記以外に，証券会社は，各種の口座管理，投資信託の代行事務，投資銀行部門のM&Aアドバイザリー業務，公開準備サポート業務や証券化業務など，金融商品の取引に関わる多様な業務の提供の対価として手数料を受け取っています。

　各受入手数料の背景となる業務内容，法令上の定義，および会計処理の詳細は，以下もご参照ください。
- 委託手数料の詳細（Q 3 -24）
- その他の受入手数料の詳細（Q 3 -25）
- 募集，売出しおよび引受け業務の概要（Q 3 -26）
- 募集・売出し・引受けの会計処理（Q 3 -27）

Q3-24　委託手数料の会計処理

委託手数料の計上における媒介，取次ぎ，代理の違いを教えてください。そのうち証券会社が主に行っているものはどれですか。

Answer Point

• 証券会社の「委託手数料」の内容のうち，「媒介」，「取次ぎ」，「代理」は，いずれも証券会社が他人のために行うという意味では共通ですが，異なる部分もあります。

• 証券会社が主に行っている顧客のための委託取引は，「取次ぎ」であり，「委託手数料」といえばこれを指すことが一般的です。

解　説

(1)「媒介」，「取次ぎ」，「代理」

金融商品取引法は，第28条第8項で「有価証券関連業」を定めていますが，第1号，第2号および第6号で「媒介」，「取次ぎ」，「代理」という言葉が使用されています。金融商品取引法に定義はありませんが，これらは以下のような違いがあります。

①　「媒介」

一般に，他人間の契約の成立に第三者が尽力する行為をいいます。金融商品取引業者が行う「媒介」とは，有価証券の売買の仲介を行うことであり，媒介の場合は，証券会社が有価証券等の売買またはデリバティブ取引等の契約の当事者にはなりません。

② 「取次ぎ」

自己の名前をもって，他人の計算において売買等をすることを引き受ける行為です。証券会社が，金融商品取引所に上場される有価証券の顧客からの売買注文に従い，証券会社の名をもって注文を出し，取引を執行する業務は「取次ぎ」に該当します。

③ 「代理」

民法第99条第1項に「代理人がその権限内において本人のためにすることを示してした意思表示は，本人に対して直接にその効力を生ずる。」とあるように，本人自身に代わって一定の限られた法律行為を行い，その効果を直接本人に帰属させる制度に基づく行為です。

証券業で「委託取引」といえば，金融商品取引所に上場する有価証券について，顧客からの売買注文を，証券会社の名前で取引所で執行する「取次ぎ」業務を指すことが一般的で，この委託取引からの手数料が証券会社の計上する「委託手数料」の主なものです。したがって，以下の解説では，金融商品取引所での有価証券の売買等の「取次ぎ」およびその手数料に焦点を置き，説明をします。

(2) 取引参加者

金融商品取引所で自己および顧客の有価証券の売買等を直接行うことができるのは，金融商品取引所の取引参加者としての資格を有する証券会社，またはその他の登録金融機関のみです。金融商品取引所に取引資格の申請を行い，資格取得審査を経て，取引所より承認を受けた者が取引参加者となります。たとえば，日本取引所グループの取引参加者には，以下の3種類があります。

- 総合取引参加者
- 先物取引等取引参加者
- 国債先物等取引参加者

東京証券取引所で有価証券の売買を行うためには，東京証券取引所に上場するすべての有価証券の売買を行うことができる総合取引参加者である必要があ

ります。

　取引参加者以外の証券会社が顧客の注文を執行するためには，取引参加者である証券会社等に顧客の取引の委託をします。

(3) 委託手数料の料率

　一般に委託手数料は，顧客の売買取引の約定代金に応じた手数料率を用いて計算されます。かつて株式等の委託手数料の料率は，金融商品取引所が規定していましたが，1999年10月に完全自由化されました。

　手数料自由化のなか，現在は，約定代金が大きくなるにつれ手数料率が逓減するような方式をとる証券会社等が多くなっています。顧客からの注文の方法も，対面，営業店への電話，コールセンター，インターネット，Eメールなどさまざまな方法が提供されています。注文方法や投資情報サービス等において選択肢を揃え，幅広いサービスを提供する大手証券会社から，インターネット取引に特化するネット証券と呼ばれる証券会社まで，さまざまな形態の証券会社があります。証券会社は，顧客の取引を活性化し委託手数料収益を伸ばすため，顧客のニーズを探り，サービスに応じて手数料率を設定しています。

(4) 委託手数料の計上時期

　統一経理基準は，委託手数料の計上時期について，「金融商品取引所における約定日（信用取引に係る委託手数料については，新規建玉又は反対売買の約定日に各々計上する。），又はこれに準じる日。」を原則としています（統一経理基準Ⅱ）。したがって，証券会社は，顧客の売買注文の約定が成立した日に，収益を認識し，以下の仕訳を計上します。

【委託手数料の計上】

　顧客からの株式の売注文を取引所に取次ぎ，120千円の委託手数料を受け取る。手数料の決済は約定日の3営業日後。

・約定日　　　　　　　　　　　　　　　　　　　　　（単位：千円）

(借)未　収　収　益	120	(貸)委　託　手　数　料	120

　なお，統一経理基準は，この原則のほか「受入手数料及び支払手数料の認識については，ブローカー業務を主たる業務とする会員においては，業務内容の変更があった場合を除き，継続的に適用することを要件に，受渡基準に基づき経理処理することができる。」として，例外も認めています（統一経理基準Ⅱ）。受渡基準とは，証券およびその売買代金が決済される「受渡日」にて手数料を認識するということです。この場合は，「委託手数料」の相手科目は，「未収収益」ではなく，「現金及び預金」または「顧客からの預り金」となります。

(5) 顧客との手数料の決済

　取引所との受渡日に顧客との決済も行われます。上記のケースの場合，証券会社の仕訳は以下です。なお，受渡日において，顧客の勘定元帳には有価証券の入庫または出庫，および代金の受払いが記帳されます。

【顧客との手数料の決済】　　　　　　　　　　　　　　　　　（単位：千円）

（借）現金及び預金または顧客からの預り金	120	（貸）未収収益	120

Q3-25　その他の受入手数料

その他の受入手数料にはどのようなものが含まれますか。

Answer Point

・代行手数料，投資銀行部門のM&Aアドバイザリー業務の手数料，公開準備サポート業務の手数料や，証券化業務の手数料などが含まれます。

その他の受入手数料には，以下のようなものが含まれます。

(1) 代行手数料

代行手数料とは，証券会社が行う代行業務の対価として支払われる手数料です。たとえば，証券会社では投資信託の販売に関し，各投資家との接点として，販売業務のほかに分配金や償還金の支払，法定開示書類である運用報告書の交付作業等の業務を代行しています（図表3-25参照）。

(2) 投資銀行部門のM&Aアドバイザリー業務の手数料

「その他の受入手数料」に含まれるものには，統一経理基準の例示のほか，証券会社の知識や経験およびノウハウを活かしたM&Aやその他アドバイザリー業務に対する報酬があります。

M&Aは，買手の規模拡大・事業の多角化ニーズや売手の資本の増強・事業承継，事業の選択と集中などさまざまな目的で行われ，国内外企業・事業部門の買収，売却，合併，合弁，戦略的資本提携・業務提携などの多様な形態があります。一般的なM&Aのプロセスとして，大まかには以下のフェーズに分け

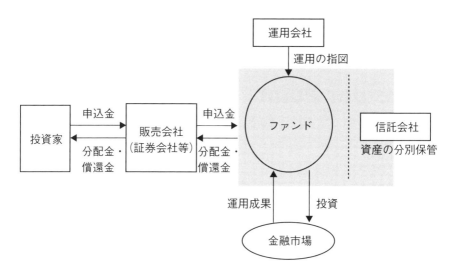

図表3-25 投資信託に関連する業務

るることができます。

フェーズ1：事前検討フェーズ
　　　　　・M&A戦略の策定

フェーズ2：交渉フェーズ（対象会社の認識・選別）
　　　　　・候補先との接触
　　　　　・企業評価
　　　　　・M&A形態の検討
　　　　　・基本合意書の締結
　　　　　・デューデリジェンス

フェーズ3：実行フェーズ（M&A取引の実行）
　　　　　・最終契約の締結
　　　　　・クロージング

　証券会社は，対象企業の選定，対象企業の評価，M&Aの形態と条件設定，基本合意書や最終契約書を含む関係書類の作成など，M&Aのプロセスの各段階において助言サービスを提供しています。

　M&Aアドバイザリー業務の手数料の主な種類には以下が含まれます。

① 　リテイナーフィー

　リテイナーフィーとは，一定の期間の調査や相手先訪問などの事前検討段階から交渉協議推進期間中のM&Aに関するアドバイザリー業務に対して支払われる報酬で，月額固定金額などで決められることが通常です。

② 　成功報酬

　成功報酬とは，依頼された業務の目的が達成された場合に支払われる報酬で，M&Aにおいては，案件が成約した場合に支払われます。報酬は，あらかじめ当事者間で金額が定められている場合や，移動した資産の価格に対して一定の割合を乗じて算出する場合など契約内容によって異なります。

(3) 公開準備サポート業務の手数料

　株式公開は，非上場企業が，株主による保有株式の売出しや企業による株式の新規発行などによって広く一般の投資者に資本参加を求めることをいい，その方法として金融商品取引所への上場があります。

　証券会社は，非上場企業に対して，証券取引所や財務局との事前相談から，資本政策の立案および実施，社内体制の整備，公開申請書類の作成，公開審査対応などに関する各種の助言を行います。これら助言に対する対価として，証券会社は契約に基づきコンサルティング手数料を受け取ります。

(4) 証券化業務の手数料

　証券化とは，貸出債権や不動産などの保有資産の流動性を高め資金化することを目的とし，保有資産をSPC（特別目的会社），信託，組合などに譲渡し，譲渡資産のキャッシュ・フローを裏づけとした有価証券を発行する取引です。証券会社は，顧客のニーズに基づき，顧客の保有資産の証券化のスキームを検

討・提案し，証券化商品を購入する投資家を見つけるまでの一連のアレンジを行います。このようなサービスに対する報酬として手数料を受け取ります。

6　募集・売出し・引受け

Q3-26　募集，売出しおよび引受け業務の概要

　証券会社における，募集，売出しおよび引受け業務の概要を教えてください。

···Answer Point ☝···

- 募集と売出しの違いは，新たに発行される有価証券の取得勧誘とすでに発行された有価証券の売付け勧誘等かの違いです。引受けは，募集または売出しの際に，引受人である証券会社が募残リスクを伴う引受責任を負担する行為です。
- 引受行為を伴う場合には，引受責任を負担しない場合と比較し，募残リスクを考慮する必要があり，その責任の対価としての引受手数料を受け取ります。

(1) 金融商品取引法上の定義

① 「募集」および「売出し」

　「有価証券の募集」とは，金融商品取引法第2条第3項により，新たに発行される有価証券の取得の申込みの勧誘のうち一定のものと定義されています。「有価証券の売出し」とは，金融商品取引法第2条第4項により，すでに発行された有価証券の売付けの申込みまたはその買付けの申込みの勧誘のうち一定のものと定義されています。

　ここで「一定のもの」とは，募集または売出しの対象が金融商品取引法第2条第1項に掲げる有価証券（株券・債券等）の場合には適格機関投資家等を除

いた50名以上の者を相手方とした取得勧誘または売付け勧誘等であり，募集または売出しの対象が金融商品取引法第2条第2項に掲げる有価証券（信託受益権等）の場合にはその取得勧誘または売付け勧誘等に係る有価証券を500名以上の者が所有することとなる場合をいいます。

　なお，「有価証券の私募」とは，取得勧誘であって有価証券の募集に該当しないもの，また「特定投資家向け売付け勧誘等」とは，金融商品取引法第2条第1項に掲げる有価証券に係る売付け勧誘等であって特定投資家のみを相手方とし，特定投資家以外の者に譲渡されるおそれが少ないものです。いずれも，募集とは区別され，また募集はこれらと区別する意図で「公募」と呼ばれています。

② 「引受け」

　「有価証券の引受け」とは，金融商品取引法第2条第8項第6号により，有価証券の募集もしくは売出しまたは私募もしくは特定投資家向け売付け勧誘等に際し，当該有価証券を取得させることを目的として当該有価証券の全部または一部を取得すること（買取引受），もしくは全部または一部につき他にこれを取得する者がない場合にその残部を取得すること（残額引受）を内容とする契約をする行為と定義されています。

　募集，売出しおよび引受けに係る引受会社ならびに引受行為を伴わず取得勧誘または売付け勧誘等のみを行う取扱会社については，金融商品取引法による業者規制があり，また，発行会社においても開示規制が設けられています。

（2）募集・売出しに係る引受け業務の概要

図表3-26　募集・売出し・引受けの概要図

【募集・売出し（引受けを伴わない場合）】

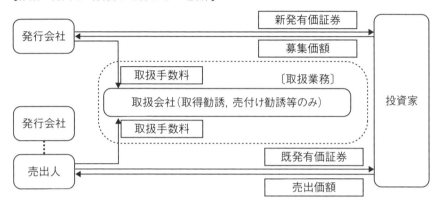

【募集・売出し（引受けを伴う場合）】

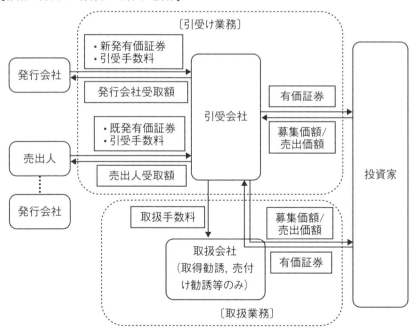

　元引受契約とは，有価証券の公募または売出しを行う発行者または所有者と元引受証券会社が結ぶ契約で，買取引受または残額引受のいずれかをいいます。

　有価証券の発行者または所有者との元引受契約の締結内容を確定するために協議を担う証券会社を幹事証券会社と呼びます。また，大型の募集・売出しに際しては，販売力の強化と募残リスクの分散を目的に，引受シンジケート団と呼ばれる複数の金融機関の団体が発行有価証券ごとに組成されますが，幹事証券会社は，この引受シンジケート団の代表も担います。さらに，株式公開時や公開後の資金調達時において，公開等に関する全般的な指導や取引所など関係機関との折衝・調整等も行います。幹事証券会社が複数存在する場合には，中心的に業務を行う主幹事証券会社を設定します。

　募残リスク要因となる発行条件の決定にあたり，発行会社は一般的にブックビルディング方式と呼ばれる方法で，需要調査を実施します。これは複数の機関投資家からの意見をもとに仮条件と呼ばれる価格帯を設定し，一般投資家に提示することにより需要を把握する方法で，市場動向に合った発行価格等の条件が決定されます。

(3) 引受け業務に係るその他の規制

　金融商品取引法第44条の4により，引受会社は，引き受けた有価証券を投資家に売却する場合に，引受人となった日から6カ月を経過するまではその買主である投資家に対し，買入代金につき貸付けその他信用の供与をしてはならないと定められています。

　オーバーアロットメントとは，当初予定していた募集・売出しの数量を超える需要があった場合，主幹事証券会社が発行会社の株主等から一時的に株式を借りて，当初の募集・売出しと同一条件で追加的に投資家に販売することをいいます。また，オーバーアロットメントにより追加的に販売することが可能な数量は，当初の募集・売出し数量の15％が上限となっています。借りた株式については，主幹事証券会社は発行会社や借りた株主等から引受価額と同一の条件で追加的に株式を取得する権利であるグリーンシューオプションの行使や，一定のルールのもとで行われるシンジケートカバー取引と呼ばれる自己の計算

による市場買付けを行うことで返済が行われます。

(4) 引受け・売出し業務および募集・売出しの取扱業務に関連する手数料

　引受け業務に関連する主な手数料形態として，引受責任料，事務幹事手数料，販売手数料（募集・売出しの取扱手数料）等があります。

　販売手数料は，引受行為を除く取得勧誘または売付け勧誘等の取扱い（投資家に対する販売行為）に対して支払われるものです。

　株式発行における引受手数料相当の金銭の取扱いは，スプレッド方式と呼ばれる，引受人の引受価額にスプレッドを乗せたものを発行価額（募集・売出価額）とし，この引受価額との差額を実質的な引受手数料としての引受人の手取金とする形態が主流となっています。

　これらの手数料収入の会計処理については，Q3-27をご参照ください。

Q3-27 募集・売出し・引受けの会計処理

募集・売出し・引受けの業務から生じる勘定科目と会計処理を教えてください。

Answer Point

- 募集・売出しの引受契約に係る条件決定日に、引受責任料、事務幹事料相当額および引受契約に係る商品有価証券等を認識します。
- 募集・売出しの取扱手数料は、顧客からの募集等の申込み受付け時に販売手数料相当額を認識します。

解説

　Q3-26で概要を示した募集・売出し・引受けに関連する手数料の勘定科目と会計処理を、統一経理基準に沿って説明します。

(1) 引受けを伴う募集・売出しの会計処理

① 条件決定日

　主として、次のような引受契約証券に係る引受けの諸条件の決定日に、引受責任料、事務幹事料相当額、商品有価証券等の引受ポジションを計上します。

(a) 新規公開株式：公開価格決定日

(b) (a)以外の有価証券：公募に係る株式・新株予約権付社債は公募価格および権利行使価格決定日。地方債および政府保証債は引受契約調印日、普通社債・円建外債は販売分担額決定日

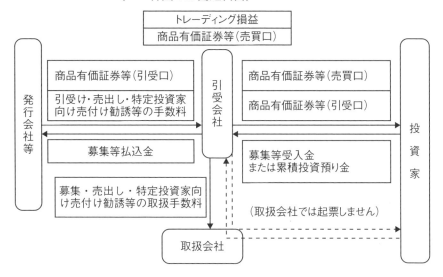

図表3-27-1 募集・売出し・引受けの業務から生じる勘定科目の概要
（ヨコ枠囲みは勘定科目）

図表3-27-2 募集・売出し・引受けの時系列

引受け業務に係る受入手数料については，次に定める額を計上します。

(a) 新規公開株式

発行会社等との間で契約した引受手数料の全額を，条件決定日において，収益として認識し，「受入手数料」の「引受け・売出し・特定投資家向け売付け勧誘等の手数料」に計上します。ただし，販売手数料の額を認識できる場合に

あっては，発行会社等との間で契約した引受手数料から販売手数料に相当する額を控除した額を条件決定日において収益として認識することができます。

(b) (a)以外の有価証券

原則として，発行会社等との間で契約した引受手数料から販売手数料に相当する額を，条件決定日において収益として認識し，「受入手数料」の「引受け・売出し・特定投資家向け売付け勧誘等の手数料」に計上します。

ただし，当分の間，引受手数料の全額を条件決定日に収益として認識することができます。この場合において，採用した経理処理については，いずれの経理処理方法においても，正当な理由により変更する場合を除き，各決算期を通じて継続的に適用する必要があります。

以下の数値例（新規公開株式で販売手数料の額を認識できる場合を想定）に基づいて各時点の会計処理について説明します。

【前提条件】
- 募集数：10,000株
- 公開価格：2,100円／株
- 引受価格：2,000円／株
- 引受責任料および事務幹事料相当額：50円／株
- 販売手数料相当額：50円／株

（単位：千円）

(借) 商品有価証券等（引受口）	20,000	(貸) 約定見返勘定＜対発行会社等＞	20,000
(借) 未 収 収 益	500	引受け・売出し・特定投資家向け売付け勧誘等の手数料	500

② 募集等の申込受付時

有価証券の売出しまたは特定投資家向け売付け勧誘等，募集もしくは売出しの取扱いまたは私募もしくは特定投資家向け売付け勧誘等の取扱い（以下，「募集等」といいます）に係る申込みを受けたときは，次のとおり処理します。

(a)　募集等の申込みがあったとき

(借) 約定見返勘定	20,000	(貸) 商品有価証券等	20,000
＜対顧客＞		（引受口）	

(b)　申込分に係る販売手数料相当額の計上

(借) 未収収益	500	(貸) 引受け・売出し・特定投資家向け売付け勧誘等の手数料	500

(c)　顧客から入金があったとき

(借) 現金及び預金または顧客勘定	21,000	(貸) 募集等受入金，または累積投資預り金	21,000

③　債券等の引受ポジションに係る売買約定時

　条件決定日から払込日までの間に，債券等に係る引受ポジションについて募集価額以外の価額により売買取引が行われる場合があります。そのときは，当該売買約定価額を簿価として次のとおり処理します。

(借) 約定見返勘定	×××	(貸) 商品有価証券等	×××
		（売買口）	

④　募残発生時

　募残が発生したとき，または募集条件外で売買するため売買口に振り替えるときの処理は，次のとおりです。なお，募残の場合には募集等最終日の翌日までに処理する必要があります。

(借) 商品有価証券等	×××	(貸) 商品有価証券等	×××
（売買口）		（引受口）	

⑤　発行会社等への払込時

(借) 募集等払込金	20,000	(貸) 現金及び預金	20,000

⑥　払込日または信託設定日，売出しの受渡日

（借）募集等受入金，または	21,000	（貸）募 集 等 払 込 金	20,000
累 積 投 資 預 り 金		未 収 収 益	1,000
約 定 見 返 勘 定	20,000	約 定 見 返 勘 定	20,000
＜対発行会社等＞^(＊)		＜ 対 顧 客 ＞^(＊)	

（＊）同額なので，約定見返勘定の起票を省略する場合もあります。

⑦　毎月末／期末

　銘柄ごとに，時価を付し，洗替えの方法により評価替えを行い，発生した評価損益は「トレーディング損益」に計上します。新規公開株式については公開価格（販売手数料の額を認識できる場合は，公開価格から販売手数料を控除した額）を，それ以外の引受ポジションで流通市場において取引されていない銘柄については簿価を時価とみなすことができます。

（2）募集・売出しの取扱手数料

　引受行為を伴わない取扱会社の販売手数料は，顧客からの募集等の申込受付時（上記（1）②）において，申込分に係る販売手数料相当額を計上し，その後に引受会社等から入金を受けます。

（借）未 収 収 益	500	（貸）募集・売出し・特定	500
		投資家向け売付け	
		勧誘等の取扱手数料	

7　金融商品取引責任準備金

Q3-28　金融商品取引責任準備金

金融商品取引責任準備金とはどのようなものでしょうか。

Answer Point ☞

- 金融商品取引責任準備金は，公益または投資者保護の観点から，金融商品取引業者の内部留保の充実化を目的として，法律（金融商品取引法）によって規定されているものです。
- 金融商品取引責任準備金の積立てや取崩しについては，法令で規定されています。また，法令違反については罰則も設けられています。

解説

（1）金融商品取引責任準備金

金融商品取引法は，金融商品取引業者に対して，公益または投資者保護の観点からの規制を行っています。その1つとして，金融商品取引業者は，金融商品取引責任準備金の積立てが要求されています。

すなわち，金融商品取引業者は，金融商品取引法第46条の5に基づいて，有価証券の売買その他の取引またはデリバティブ取引等の取引量に応じ，内閣府令で定めるところにより，金融商品取引責任準備金を積み立てなければなりません。

また，この金融商品取引責任準備金は，有価証券の売買その他の取引またはデリバティブ取引等に関して生じた事故による損失の補てんに充てる場合その他内閣府令で定める場合のほかには，使用することはできません。

（2）金融商品取引責任準備金の積立額

金融商品取引業者は，事業年度ごとに，①または②のうちいずれか低い金額を金融商品取引責任準備金として積み立てます。

① 以下の金額の合計額

- 当該事業年度における有価証券の売買（東京証券取引所等の取引所金融商品市場において行うものを除く），有価証券の売買の取次ぎ（有価証券等清算取次ぎを除く）または取引所金融商品市場における有価証券の売買の委託の取次ぎに係る株式の総売買金額の万分の0.2に相当する金額（金商業等府令第175条第1項第1号イ）
- その他金融商品取引業等に関する内閣府令第175条第1項第1号に掲げる，一定の取引金額等の一定割合に相当する金額（金商業等府令第175条第1項第1号ロからチ）

② 以下の(a)の金額の合計額から，(b)の金額を控除した金額

(a)	・当該事業年度を含む直近3事業年度のうち売買等に係る株式の総売買金額の最も高い事業年度における当該総売買金額の万分の0.8に相当する金額（金商業等府令第175条第1項第2号イ） ・その他金融商品取引業等に関する内閣府令第175条第1項第2号に掲げる，一定の取引金額等の，直近3事業年度のうち最も高い事業年度における当該取引金額等の一定割合に相当する金額（金商業等府令第175条第1項第2号ロからチ）
(b)	・すでに積み立てられた金融商品取引責任準備金の金額

（3）金融商品取引責任準備金の使用

金融商品取引業者は，金融商品取引法第46条の5第2項および金融商品取引

業等に関する内閣府令第175条第2項に基づき，以下の場合に，金融商品取引責任準備金を取り崩すことができます。

①　有価証券の売買その他の取引またはデリバティブ取引等に関して生じた事故による損失の補てんに充てる場合

②　金融商品取引業等に関する内閣府令第175条第1項第2号に掲げる「「一定の金額の合計」（これは，上記（2）②の(a)のことです）に対する超過額」を取り崩す場合

③　上記のほか，金融庁長官等の承認を受けた場合

なお，上記①の場合の「事故」とは，「金融商品取引業者等又はその役員若しくは使用人の違法又は不当な行為であって当該金融商品取引業者等とその顧客との間において争いの原因となるものとして内閣府令で定めるもの」のことをいいます（金商法第39条第3項）。この「内閣府令で定めるもの」は，金融商品取引業等に関する内閣府令第118条において次のように規定されています。

> 有価証券売買取引等につき，金融商品取引業者等の代表者等が，当該金融商品取引業者等の業務に関し，次に掲げる行為を行うことにより顧客に損失を及ぼしたもの
> - 顧客の注文の内容について確認しないで，当該顧客の計算により有価証券売買取引等を行うこと
> - 有価証券等の性質，取引の条件，または金融商品の価格もしくはオプションの対価の額の騰貴もしくは下落等について，顧客を誤認させるような勧誘をすること
> - 顧客の注文の執行において，過失により事務処理を誤ること
> - 電子情報処理組織の異常により，顧客の注文の執行を誤ること
> - その他法令に違反する行為を行うこと

（4）罰　則

金融商品取引業者の代表者または役員は，金融商品取引法に違反して金融商品取引責任準備金を積み立てないとき，またはこれを使用したときは，金融商品取引法第208条第7号に基づき，30万円以下の過料に処せられます。

Q3-29 金融商品取引責任準備金の会計処理

金融商品取引責任準備金の会計処理について教えてください。

Answer Point ☞

• 金融商品取引業者の，金融商品取引責任準備金の繰入れおよび取崩しは，金融商品取引法第46条の5および金融商品取引業等に関する内閣府令第175条において規定されています。
• 金融商品取引責任準備金の具体的な会計処理は，統一経理基準において説明されています。

解 説

金融商品取引責任準備金の会計処理は，統一経理基準において説明されています。

(1) 金融商品取引責任準備金の繰入れ

金融商品取引業者は，有価証券の売買その他の取引またはデリバティブ取引等の取引量に応じ，金融商品取引業等に関する内閣府令第175条第1項で定めるところにより，事業年度ごとに，金融商品取引責任準備金を積み立てなければなりません。

(例) 金融商品取引責任準備金1,000千円を繰り入れた。 (単位：千円)

(借) 金融商品取引責任準備金繰入れ	1,000	(貸) 金融商品取引責任準備金	1,000

（2）金融商品取引責任準備金の取崩し

　金融商品取引業者は，金融商品取引法第46条の５第２項および金融商品取引業等に関する内閣府令第175条第２項に基づき，以下のような場合に金融商品取引責任準備金を取り崩すことができます。

①　有価証券の売買その他の取引またはデリバティブ取引等に関して生じた事故による損失の補てんに充てる場合

②　金融商品取引業等に関する内閣府令第175条第１項に掲げる，一定の金額の合計額を超える部分に係る金額を取り崩す場合

③　上記のほか，金融庁長官等の承認を受けた場合

（例）金融商品取引責任準備金500千円を取り崩した。

（借）金 融 商 品 取 引 　　　責 任 準 備 金	500	（貸）金 融 商 品 取 引 　　　責任準備金戻入	500

　金融商品取引責任準備金の取崩しについては，事故による損失の補てんに充てるためのものであるか，目的外のものであるかを問わず，戻入処理をします。

（3）事故による損失の処理

（例）事故による損失500千円を費用処理した。

（借）販売費・一般管理費	500	（貸）立 替 金 等	500

（4）表　示

　貸借対照表では，金融商品取引法第46条の５の規定に基づき，事故による損失に備えるため留保した準備金を，「特別法上の準備金」として負債の部に表示します。

　損益計算書では，金融商品取引責任準備金の繰入額と戻入額とを相殺して，「金融商品取引責任準備金繰入れ」（特別損失）または「金融商品取引責任準備金戻入」（特別利益）勘定に表示します。

第**4**章

証券会社のリスク管理

第4章では，証券会社のリスク管理の概要について解説します。証券会社は市場リスク，信用リスク，流動性リスク，事務リスク，システムリスクなどにさらされており，それらを適切に管理することが経営上の重要課題です。以下では，まず各リスクの特徴と，それぞれに対してどのような管理が行われているのかについて解説します。また，リスク管理に関してどのような課題が認識され，新しい規制の導入を含め，どのような取組みがなされているのかといった最近の動向について紹介します。

Q4-1 証券会社の業務に関連する主なリスク

証券会社の業務には主にどのようなリスクがありますか。

Answer Point

- 証券会社の業務に関連する主なリスクとして，市場リスク，信用リスク，流動性リスク，事務リスク，システムリスクがあります。
- 市場リスクのように，増減を適切にコントロールしながら収益を得るために負うリスクと，事務リスクのように，費用対効果を見ながら具現化を避けるためになるべく最小化を図るリスクがあります。

解 説

（1）市場リスク

　市場リスクとは，有価証券等の価格，金利，為替等のさまざまな市場のリスク・ファクターの変動により，保有する有価証券やデリバティブ等の資産の価格が変動し損失を被るリスクです。

　市場リスクの中には，株価の変動により発生する株式リスク，債券価格やスワップ金利の変動により発生する金利リスク，為替レートの変動により発生する為替リスク，商品価格の変動により発生するコモディティ・リスク，オプション・ボラティリティの変動により発生するボラティリティ・リスクなどがあります。

　通常，部門単位や商品単位，リスクの種類ごとに応じて許容される市場リスク量が定められており，取引執行部門から独立したリスク管理部門が，リスク量の計算を行うなど許容範囲内で業務が執行されていることをモニタリングし

ています。また，損失限度額を設定して，一定の限度額を超える損失が生じていないかについて管理し，超過した場合の対応ルールを事前に定めて運営しています。

(2) 信用リスク

　信用リスクとは，有価証券の発行体や取引先が義務を履行しないことにより，有価証券を保有している場合や取引先に対する債権を保有している場合に損失を被るリスクです。発行体の信用リスクについては，通常，審査部門が信用状態を審査し，信用格付けの付与やデフォルト確率の見積りなどを行い，与信限度額を設定して，その遵守状況をリスク管理部門がモニタリングしています。

　取引先の信用リスクについては，発行体のリスクと同様の与信管理とともに，担保評価を通じて与信状況を管理しています。

(3) 流動性リスク

　流動性リスクとは，市況の低迷等に伴う自身の業績の悪化等により必要な資金が確保できなくなり，資金繰りがつかなくなる場合や，資金の確保に通常よりも著しく高い金利での資金調達を余儀なくされることにより損失を被るリスク（資金流動性リスク）や，市場の混乱等により市場において取引ができなかったり，通常よりも著しく不利な価格での取引を余儀なくされたりすることにより損失を被るリスク（市場流動性リスク）です。

　資金流動性リスクについては，通常，資金管理部門が使用予定額や調達可能額等，資金繰りの状況を把握し，見通しを立てて管理しています。また，資金繰りの逼迫度に応じた調達手段を確保したり，現金や現金化が容易な流動性の高い有価証券等の残高管理を行ったり，コンティンジェンシープランを作成するなどの対応を行っています。

　市場流動性リスクについては，流動性の低い有価証券等の残高管理を行ったり，想定処分価格を見積ったりすることにより管理しています。

(4) 事務リスク

事務リスクとは，役職員が正確な事務を怠る，あるいは事故・不正等を起こすことにより損失を被るリスクです。例として誤発注や横領，損失の隠蔽などが挙げられます。

事務リスクについては，通常，規程やマニュアルの整備，営業部門や取引執行部門から独立した事務部門による厳正な事務処理の実行とチェックの実効性の確保，検査，監査の実施等を通じて管理しています。

(5) システムリスク

システムリスクとは，コンピュータシステムのダウンまたは誤作動等，システムの不備等に伴い損失を被るリスク，さらに外部からのサイバー攻撃等によりコンピュータが不正に使用されることで損失を被るリスクです。

システムリスクについては，システム管理部門による安全管理や運用保守管理の体制整備，バックアップの実施，開発時の十分なテストの実施，コンティンジェンシープランの作成，システム監査の実施等を通じて管理しています。また，役職員に対するセキュリティ教育を強化するなどの対応を行っています。

(6) その他のリスク

上記のほかに，自己資本規制比率を維持できずに業務停止命令等を受けたりする自己資本規制関連のリスク，証券業務に関連する法令に違反することで業務停止命令等を受けたり，損害賠償や課徴金の支払により損失を被るコンプライアンス・リスク，不祥事の発生等により評判の低下を通じて会社の業績が悪化するレピュテーショナル・リスク，従業員による不正行為や法令に遵守しない行為が行われるコンダクト・リスクなどがあります。

Q4-2　証券会社のリスク管理に関する最近の動向

証券会社におけるリスク管理の動向について教えてください。

- 証券化商品など，流動性の低い商品のリスク管理の高度化が進められてきました。
- 取引先リスクへの対応として，一定のデリバティブ取引について清算集中が義務づけられました。
- 欧州金融危機を経て，ソブリン・リスク，カントリー・リスクの管理の重要性が改めて認識されました。
- ストレステストの高度化，リスク管理におけるガバナンスの強化，コンプライアンス・リスクやシステム・リスクへの一層の対応などが進められてきました。

解説

（1）流動性リスク

　サブプライム・ローン問題やリーマン・ショック以降，証券化商品を中心に，市場流動性が枯渇する状況が続いたことから，流動性の低い有価証券やデリバティブ取引のリスク管理に焦点が当たりました。こうした有価証券等の持ち高や保有期間に対して一定の制限を設けたり，時価評価に際して，直近の売買事例を参考にしたりするなどの対応がとられています。

（2）取引先リスク

　リーマン・ショック以降，デリバティブ取引の取引先リスクへの関心が高まり，一定の基準を満たすデリバティブの清算については，中央清算機関（Central Counter-Party, CCP) に集中することが義務づけられるようになりました。また，相対のデリバティブ取引でCCPを利用しない場合には，担保契約を通じた担保の受入れにより，取引先リスクの軽減が図られています。担保契約の標準化や，取引先リスク計測の高度化も進められています。

(3) ソブリン・リスク，カントリー・リスク

リーマン・ショック後の欧州金融危機により，政治経済の状況等，社会情勢が急激に変化することで，ある国の政府の信用力が悪化するソブリン・リスク，その国に拠点を持つ与信先の債務履行に問題が生じたりするカントリー・リスクの管理の重要性があらためて浮き彫りになりました。

(4) その他のリスク管理の動向

リーマン・ショック時に，金融市場がそれまで経験したことのないような強いストレスにさらされたことから，さまざまなシナリオを想定して損失額を見積るストレステストが重視されるようになってきました。

また，海外の金融機関における巨額のトレーディング損失が複数事例発生し，不正取引の防止など経営陣によるガバナンスをはじめとするリスク管理の実効性を再検証し強化することが進められています。他に，LIBOR（ロンドン銀行間取引金利）の提示に関して多額の課徴金支払を求められる事例，仕組債やデリバティブ取引で損失を被った投資家から訴訟を起こされる事例もあり，コンプライアンス・リスクへの対応が，これまで以上に求められるようになってきました。

システム・リスク関連では，高速な電子取引を通じた誤発注による損失が報道されており，システム・リスク管理の重要性があらためて認識されているほか，インターネットを通じた取引の増加に伴い，サイバー攻撃への備えもますます重要な課題になってきています。

【参考】金利指標（LIBOR）改革

- 証券会社のデリバティブ取引や有価証券取引その他の業務で利用している金利指標であるLIBORの改革が行われており，2021年末をもってLIBORに代わる金利指標への移行計画が進んでいます。
- 証券会社には，これに適時に対応しない場合に生じる業務上のリスクがあります。
- この金利指標改革の対応のインパクトとリスクを，証券会社の経営レベルで認識・評価し，市場取引部門だけでなく，財務，会計，リスク管理，コンプライアンス，法務，顧客担当者などの広範囲にわたる部門で，デリバティブ取引や有価証券取引その他の業務がスムーズに継続できるよう，金利指標移行作業に向けて社内体制を整備することが急務です。

第5章

自己資本規制比率

自己資本規制比率は，第一種金融商品取引業者に対して適用され，自己勘定により保有する商品や取引のリスクに対し，早期に流動化できる自己資本によってカバーすることを求めるものです。

自己勘定において保有する商品や取引が多いほど，自己資本規制比率が小さくなるように設計されており，ディーリング業務などで収益を得ようとする証券会社にとっては，大きな制約となります。

本章では，その規制趣旨，経緯，計算方法などを解説します。

Q5-1 自己資本規制比率

自己資本規制比率とはどのようなものですか。

Answer Point ☞

- 自己資本規制比率とは，自己資本に対するリスク資産を一定以下に収め，金融機関の健全性を保つための金融当局が定める監督手段の1つであり，第一種金融商品取引業者に適用されます。
- 比率の分母はリスクの大きさを示し，自己勘定で保有する商品や取引，業務の大きさに比例します。分子は固定資産などを除いた自己資本を計上します。

解 説

(1) 自己資本規制比率は，金融商品取引法第46条の6に定められており，当該比率が120%を下回ることのないようにしなければならないとされています。金融商品取引業等に関する内閣府令第176条から第180条，さらにリスク相当額の算出方法が，「金融商品取引業者の市場リスク相当額，取引先リスク相当額及び基礎的リスク相当額の算出の基準等を定める件」（2007年8月　金融庁告示第59号）において詳細が定められています。なお，「金融商品取引業者等向けの総合的な監督指針」Ⅳ章においては，「金融商品取引業者の自己資本規制は，金融商品取引業者の業務が市場環境の変化に影響されやすいことを踏まえ，市況の急激な変化に伴う収入の減少や保有資産の価値の下落等に直面した場合においても，金融商品取引業者の財務の健全性が保たれ，投資者保護に万全を期すことを目的としている。」とされています。

【自己資本規制比率の算式】

$$自己資本規制比率 = \frac{固定化されていない自己資本}{市場リスク相当額 + 取引先リスク相当額 + 基礎的リスク相当額}$$

(2)　自己資本規制比率の分母は，損失が発生する可能性がある金額（＝リスク相当額）を示し，分子は，損失が発生した際にその穴埋めをできる自己資本の金額を示します。この比率が100％以上であれば，想定した損失が発生したとしてもカバーできるわけです。

　　しかし，①想定どおりの損失が発生するわけではない（＝リスク相当額が必ずしも精緻でなく，未来を予測するものではない），②ある程度のバッファーが必要である，などの理由から法律上120％以上の自己資本規制比率が要求されています。実際には，日本銀行が証券会社を取引の相手方とする場合の基準の1つが自己資本規制比率200％以上であり，この比率以上が要求されます。

(3)　証券会社における自己資本規制比率の計算において特徴的なのは，自己資本の認識です。証券会社においては，「固定化されていない自己資本」が分子となります。「固定化されていない自己資本」は，「基本的項目＋補完的項目－固定的資産」で構成されます。補完的項目は負債性調達手段などであり基本的項目に比べ資本性が落ちます。固定的資産は規制上の特別な言葉遣いであり，会計上の固定資産とは異なります。換金しようとしてすぐには換金できないものが固定的資産として挙げられています。

図表5-1　自己資本の各要素

基本的項目	資本金，新株式申込証拠金，資本剰余金，利益剰余金，評価差額金（負の場合），自己株式
補完的項目	一般貸倒引当金，劣後債務，評価差額金（正の場合）など
固定的資産	固定資産，繰延資産，預託金，関係会社株式など

(4)　その他の財務的な規制としては，業務を適正に営むに足る財産的基礎を有しない者の排除を目的とした最低資本金規制があり，第一種金融商品取引業者の場合は現在のところ5,000万円です。

Q5-2 自己資本規制の背景・経緯

自己資本規制の背景・経緯はどのようなものですか。

Answer Point

- リスク特性が多様化した証券会社に対し，財務の健全性を維持させるための包括的な規制として自己資本規制比率が導入されました。銀行においても同様に自己資本比率規制が導入されています。

- その後は，銀行の自己資本比率規制の改定と歩調をあわせ，改定が繰り返されています。2011年にはこれまで会社単体の規制であったものが，一定以上の資産を有する会社については，グループ連結の規制へと拡張されました。

解説

(1) 「市況の急激な変動により収入の減少や保有資産の価値の下落に直面した場合においても，証券会社の財務の健全性が保たれ，投資家保護に万全を期することができるようにすることを目的」（財務局50年史（2000年3月））として自己資本規制比率は導入されました。この背景には，証券市場の急速な拡大や先物・オプション取引等の新商品の増加等により証券市場を取り巻く環境は大きく変化し，オフバランス取引も含めた証券会社のリスクを適切に管理する必要性が高まってきたことや1987年のブラック・マンデーでの経験を経て証券会社の自己資本規制の必要性があらためて認識されたことが挙げられます。

(2) 1999年には，山一證券の自主廃業等の市場の混乱を契機に，リスク計測の精緻化，市場リスクと取引先リスクを毎日算定する義務を含む改正が行われ

ました。さらに，2001年に有価証券含み益の扱いを含む改正，2011年に連結規制の導入，同年に銀行の自己資本比率規制であるバーゼル2.5の導入に対応した改正，2012年には，同様にバーゼル3の導入に対応した改正が行われています。

(3)　自己資本規制比率は，大手証券会社であれ中小証券会社であれ，基本的に同一の規制でした。しかし，大手証券会社はより国際的な業務を行うようになり，さらには，リーマン・ショックにより（特に米国の）多くの国際的証券会社が銀行の傘下に入るという事態になりました。このため銀行と証券会社を区分するよりも，国際的な金融機関である証券会社および銀行と，国内の証券会社を区分する方が合理的になりました。そこで，銀行とほぼ同一の自己資本規制を大手証券会社に，現状と同様の簡易な自己資本規制を中小証券会社に適用する方向に進んでいます。

(4)　まず，1999年の改正においては，統計的手法により市場リスク相当額を算出する「内部管理モデル方式」を利用することが認められました。これは，いわゆるバリュー・アット・リスクを用いて算出する手法であり，市場リスク相当額が相対的に有利に算出できるものですが，専用の情報システムと金融工学を理解する担当者の配属が必要となり，大手証券会社のみが採用しています（なお，大手銀行においても同様の手法が用いられています）。

(5)　2011年には，それまでは会社単体の規制であったものを，一定以上の規模の会社（総資産額1兆円超）を「特別金融商品取引業者」とし，連結自己資本規制比率の届出・縦覧を義務づけました。さらに，大手証券会社の持株会社を「最終指定親会社」とし，当該法人とその子法人等の連結自己資本規制比率の届出・縦覧を義務づけました。このように，グループ連結で規制を行うように自己資本規制比率の対象を拡張しました。

(6)　銀行の自己資本比率規制においてリスク相当額計測の精緻化や自己資本の厳格化が進められるのに伴い，証券会社の自己資本規制も同様の変更が行われています。最終指定親会社の自己資本規制には，銀行と同様の算出方法が認められるなど，銀行と証券会社の自己資本の規制における差異は縮まっています。

Q5-3 自己資本規制比率の計算

自己資本規制比率の計算はどのようにするのですか。

Answer Point

- 自己資本規制比率の分母は市場リスク相当額，取引先リスク相当額，基礎的リスク相当額に区分され，資産や与信の分類に応じて残高に掛け目を乗じて算出します。
- 自己資本規制比率の分子は株主資本，劣後債等が計上され，固定資産などを控除します。

解 説

(1) 分母における3つのリスクの内容は図表5-3のとおりです。

図表5-3 各リスクの内容

市場リスク	有価証券等の価格，金利，為替等のさまざまな市場のリスク・ファクターの変動により，保有する資産（オフバランス取引に係るポジションを含む）の価格が変動し損失を被るリスクおよびそれに付随する信用リスク等を合わせたもの
取引先リスク	取引先に対する債権の保有に伴うリスクをいい，取引先が義務を履行しないことなどにより損失を被るリスク
基礎的リスク	事務処理の誤りなど日常業務を遂行する上で発生するリスク

(2) 市場リスク，取引先リスクはまず貸借対照表に計上されている資産が算出の基データとなりますが，デリバティブ取引等によるオフバランス取引がある場合には，それも対象になります。基礎的リスクは，損益計算書における営業費用を用います。

自己ポジションで運用を行っていないブローカレッジに特化した証券会社

であれば，市場リスクは基本的に発生しません。しかし，取引先リスクは，預金，短期貸付金，未収入金，未収収益，顧客への立替金，短期差入保証金，コマーシャル・ペーパーなどにも適用されますので，このリスク金額（＝市場リスク相当額および取引先リスク相当額）を毎営業日把握する必要があります。また，証券会社は毎月末の自己資本規制比率を，翌月20日までに金融庁長官へ届け出ることが求められます。

(3)　自己資本に関しては，控除すべき固定的資産を特定することがポイントになります。基本的には貸借対照表の科目が固定資産，前払金，前払費用等に該当するものと定められていますが，上場有価証券を除くなどのさまざまな例外があり，これを識別できるようにしておく必要があります。なお，劣後債等を発行している場合には，どこまでが自己資本として算入が可能かという複雑なルールがありますので，留意が必要です。

Q5-4　自己資本規制比率におけるリスク相当額の計算

各リスク区分の計算はどのようにするのでしょうか。

Answer Point 👆

- 「金融商品取引業者の市場リスク相当額，取引先リスク相当額及び基礎的リスク相当額の算出の基準等を定める件」（平成19年8月金融庁告示第59号）に従い計算します。

解説

(1)　リスク相当額の算出においては，まず上記の告示を参照します。また，「証券会社の自己資本規制Q&A」という資料が日本証券業協会から公開されており，判断に迷う事例を解説しています。これらの条文などの理解を進めたい方は，バーゼル銀行監督委員会がその規制の基となる考えを示した資料を公開していますので，その資料を読まれることをお勧めします。

(2)　市場リスク相当額は，株式リスク，金利リスク，外国為替リスク，コモディティ・リスクの4つのリスクカテゴリーごとに算出します。算出方法には標準的方式と内部管理モデル方式の2つがあり，リスクカテゴリーごと，業務の種類ごとなどで選択が可能です。内部管理モデル方式を用いるためには当局の承認が必要であることから，大手証券会社を除いては標準的方式を用いています。標準的方式の計算を株式リスクで例示すると，すべてのロング・ポジションの時価額とすべてのショート・ポジションの時価額との差の絶対値の8％と，銘柄ごとのロング・ポジションまたはショート・ポジションの時価額に図表5-4-1の掛け目を乗じた金額との合計額となります。

図表5-4-1　株式リスクの個別リスク相当額の掛け目(告示第5条第4項の表)

区　分	率（パーセント）
指定国の代表的な株価指数	0
その他の株券等	8

　これを算式で表すと以下のとおりです。なお，個別リスク相当額の計算において，ロング・ポジション，ショート・ポジションは相殺できないことに留意してください

> $\left(\sum\text{ロング・ポジションの時価額}-\sum\text{ショート・ポジションの時価額}\right)\times 8\%$
> ＋その他の株券等のロング・ポジションの時価額×8%
> ＋その他の株券等のショート・ポジションの時価額×8%

(3)　金利リスクについては，満期までの期間に応じてリスクが異なるため，その期間帯ごとのポジションを集計し，当局設定の掛け目に従い計算するマチュリティ法と，各ポジションの価格感応度を個別に計算することによって，より正確にリスクを計測する方法（デュレーション法）があります。

(4)　なお，匿名組合出資金など，一見固定的資産に分類すべきようにみえる場合でも，「その他の有価証券等」としてその額の100%を市場リスク相当額にするケースがあります。また，同一発行体の有価証券の保有額が，固定化されていない自己資本の一定割合を超えると，市場リスクが加算されることにも留意が必要です。

(5)　取引先リスクは，相対のデリバティブ取引や，預金や未収収益などの取引先の債務不履行により損失が発生し得る取引や資産のエクスポージャー（リスクにさらされている金額）に対し，図表5-4-2の掛け目を適用します。

図表5-4-2 取引先リスクのエクスポージャーに対する掛け目
（告示第15条第3項第3号の表）

取　引　先	率（パーセント）
• 指定国，国際決済銀行，国際通貨基金，欧州中央銀行および欧州共同体 • 指定国の政府機関および中央銀行（これらに準ずる者を含む） • わが国の地方公共団体	0
• 適格格付を付与された金融機関等（国際機関を除く） • 国際機関	1.2
• 適格格付を付与されていない金融機関等（国際機関を除く）	5
• 適格格付を付与されたその他の法人等	6
• 適格格付を付与されていないその他の法人	25
• 個人	25

　　適格格付とはいわゆるBBB－以上の外部格付（厳密には，適格格付機関の格付）を持つものであり，その外部格付の有無により大きく掛け目が変わります。

(6)　与信が集中している場合には，さらにリスクが高いと判断され，取引先リスク相当額が追加されます。外部格付を持たない親会社との取引が多く，未収収益などが多い場合には，大きく自己資本規制比率が下がる可能性があります。

(7)　基礎的リスクは，2カ月前までの1年間の営業費用（販売費・一般管理費および金融費用（現先取引費用を除く））の4分の1となります。ただし，支払手数料などのいくつかの控除可能な項目があります。

第6章

顧客資産の分別管理

証券業務において，証券会社は顧客から有価証券および金銭を預っており，金融商品取引法により，投資者保護の観点から，これらの有価証券および金銭について分別管理義務を負っています。このため，分別管理に関する法令を遵守するために，証券会社は内部統制を整備・運用しています。さらに，証券会社の内部や外部には，分別管理が適切に実施されているかどうかについてチェックする体制が整備されています。第6章では，証券業の分別管理の概略について解説します。

Q6-1 顧客資産の分別管理

顧客資産の分別管理とは何ですか。

Answer Point

- 顧客資産の分別管理とは，金融商品取引法等に基づいて，投資者保護の目的のために，証券会社が顧客から預った有価証券および金銭を自己の固有財産と分別して管理しなければならないという規制です。
- 分別管理の対象となる有価証券および金銭は，金融商品取引法等によって定められています。

解 説

(1) 顧客資産の分別管理とは

　証券会社は，有価証券に関する取引に関連し，投資者（顧客）から有価証券および金銭を預ります。証券会社が保管する顧客の資産は，顧客権利を保護するため，証券会社の自己の固有資産とは分別して管理され，顧客のために保管されていることが明確となるように特定されている必要があります。

　1998年12月の証券取引法の改正により，証券会社が経営破綻した場合でも証券会社が保管する顧客の資産が確実に顧客に返還されるよう，証券会社に対して顧客資産の分別管理が義務づけられました。同時に証券会社の経営破綻等の際に顧客の資産の返還が困難な場合に，顧客に金銭により補償を行うことを目的とした投資者保護基金が設立されました。その後，分別管理義務は金融商品取引法に引き継がれています。

　金融商品取引法では，金融商品取引業者である証券会社に対して，顧客の有価証券を証券会社の自己の固有財産と区分して管理することを求めています

（金商法第43条の2第1項）。同様に，顧客の金銭を証券会社の自己の固有財産と区分して管理し，顧客分別金信託等として，信託会社等に信託することを求めています（金商法第43条の2第2項）。これらの顧客の有価証券および金銭の分別管理方法についてはQ6-2で解説しています。

図表6-1　証券会社の顧客資産と自己の固有財産の分別管理の基本イメージ図

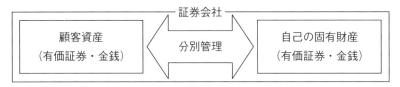

（2）分別管理義務に違反した場合

　分別管理義務に違反した場合，その行為をした証券会社は6カ月以内の業務停止等の行政処分，3億円以下の罰金が科せられることになっており，代表者，従業員等は，2年以下の懲役または300万円以下の罰金または併科に処せられることになっています（金商法第52条，第198条の5，第207条）。

（3）分別管理の対象取引

①　有価証券

　分別管理の対象となる有価証券には，有価証券関連業または有価証券関連業に付随する業務として一定のものに係る取引（以下，「対象有価証券関連取引」という）に関し，顧客の計算において証券会社が占有する有価証券または顧客から預託を受けた有価証券が該当します（金商法第43条の2第1項第2号）。

　たとえば，売付けのために顧客から一時的に預託を受けた有価証券，または保護預り契約，振替決済口座管理契約もしくは消費寄託契約に基づき顧客から受け入れた有価証券等が分別管理の対象となります。

　また，証券会社が有価証券関連の市場デリバティブ取引における取引証拠金に関して預託を受けた代用有価証券，または信用取引における保証金に関して預託を受けた代用有価証券についても，分別管理の対象となります（金商法第43条の2第1項第1号）。

②　金　銭

　分別管理の対象となる金銭には，対象有価証券関連取引に関し，顧客の計算に属する金銭または顧客から預託を受けた金銭が該当します（金商法第43条の2第2項第2号）。たとえば，証券会社が保有する顧客の有価証券の売付代金，利金，償還金等，または顧客が有価証券の買付代金に充当するため顧客から一時的に預託を受けた金銭等が分別管理の対象となります。

　また，有価証券関連の市場デリバティブ取引における取引証拠金または信用取引に係る委託保証金として顧客から預託を受けた金銭が分別管理の対象となります（金商法第43条の2第2項第1号）。

　さらに，顧客からの書面による同意を得た場合には，証券会社は代用有価証券を再担保に供することができますが（金商法第43条の4第1項），その場合，有価証券は分別管理の対象外となる一方，有価証券の時価相当額の金銭が分別管理の対象となります（金商法第43条の2第2項第3号）。

　分別管理の対象となる有価証券および金銭については，日本証券業協会の「顧客資産の分別管理Q&A（改訂第3版）」において詳細に説明されています。

Q6-2　分別管理の方法

分別管理はどのように行うのですか。

Answer Point

- 有価証券については，顧客の有価証券と証券会社の固有の有価証券とを区分して管理します。
- 顧客から預託を受けた金銭等については，顧客分別金信託として，信託銀行等に信託します。

解　説

(1) 有価証券の分別管理

　顧客から預託を受けた有価証券（以下，「顧客有価証券」という）と証券会社の固有の有価証券等（以下，「固有有価証券等」という）は，確実にかつ整然と分別して管理する必要があります。その管理方法には主に以下の3種類があります（金商法第43条の2第1項，金商業等府令第136条，振替法）。

① 　混蔵保管以外の場合（単純保管）

② 　混蔵保管の場合

③ 　振替法に基づく口座管理の場合

　①の場合は，顧客有価証券と証券会社の固有有価証券等の保管場所を明確に区分し，顧客有価証券については，どの顧客の有価証券であるかがただちに判別できるように管理します。具体的には，顧客有価証券と固有有価証券等を保管する口座やキャビネット等をそれぞれ別にし，顧客有価証券については，顧客別または証券の記番号順に管理します。

　②の混蔵保管とは，同銘柄の有価証券を区分することなく保管することであ

り，この場合には，顧客有価証券と証券会社の固有有価証券等の保管場所を明確に区分し，それぞれの顧客の持分について，自社の帳簿でただちに判別できるように管理します。

③については，振替法に基づく振替口座簿において，顧客有価証券として明確に管理する必要があります。

なお，上記①と②についての有価証券の保管は自社で保管する以外にも，第三者機関に保管を委託することもでき，その場合も同様の保管方法となります。

図表6-2-1　有価証券の分別管理のイメージ図

① 混蔵保管以外の場合（単純保管）

② 混蔵保管の場合

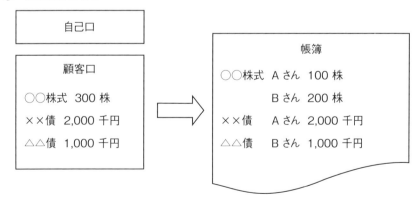

(2) 金銭等の分別管理

　顧客から預託を受けた金銭および再担保に供された代用有価証券の時価相当額（以下，「顧客金銭等」という）を顧客分別金として信託銀行等に信託します（金商法第43条の2第2項）。このとき，証券会社による顧客に対して一定の要件を満たした立替金や顧客が信用取引により売り付けた有価証券の売付代金である金銭等がある場合には，顧客分別金から控除することができます（金商業等府令第139条）。

　顧客分別金の額は，顧客ごとに計算を行い，この合計額が顧客分別金必要額となります（金商業等府令第138条）。顧客分別金必要額の算定は日々行う必要があります。また，証券会社は週に1日以上，基準日（以下，「差替計算基準日」という）を設け，その基準日に，顧客分別金信託の額と顧客分別金必要額との比較を行い，顧客分別金必要額の差替えが必要かどうかの確認を行います。顧客分別金必要額の差替えを行う場合には，次のように行います。

① 　差替計算基準日における顧客分別金信託の額が顧客分別金必要額に満たない場合，その差替計算基準日の翌日から3営業日以内の日（以下，「差替日」という）に，その不足額を追加で信託銀行等に信託します。

② 　差替計算基準日における顧客分別金信託の額が顧客分別金必要額を超過する場合，その超過額の範囲内で信託契約の解約・一部解約を行うことができます。

図表6-2-2　金銭等の分別管理のスケジュール（差替計算基準日が金曜の場合）

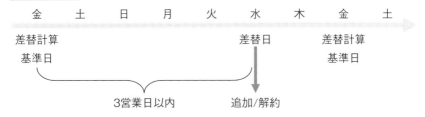

(3) 分別管理に関係する会計処理

　会計上，顧客有価証券はオフバランスであるため，有価証券の分別管理につ

いて，会計処理は必要ありません。

　一方，顧客金銭等の分別管理については，統一経理基準に基づき，信託銀行等に信託した額を顧客分別金信託勘定で経理する必要があります。なお，有価証券を信託した場合には，この勘定には計上せず，帳簿等によりその状況を明らかにする必要があります。

図表6-2-3　顧客金銭等の分別管理の会計処理のイメージ図

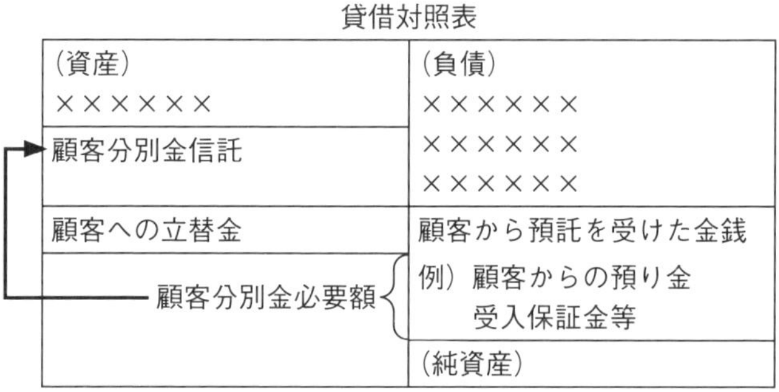

貸借対照表

（資産）	（負債）
×××××	×××××
顧客分別金信託	×××××
	×××××
顧客への立替金	顧客から預託を受けた金銭
顧客分別金必要額	例）顧客からの預り金　受入保証金等
	（純資産）

Q6-3　分別管理における内部統制

分別管理における内部統制にはどのようなものがありますか。

Answer Point

・分別管理における内部統制には，①全般的事項に係る内部統制，②有価証券の分別管理に係る内部統制，③金銭等の分別管理に係る内部統制，④会計，帳簿記録に係る内部統制があります。

解説

(1) 顧客資産の分別管理の内部統制

　顧客資産の分別管理における内部統制とは，事業経営に係る法規のうち，分別管理の法令を遵守することを目的として，企業内部に設けられ，企業構成員のすべてによって運用される仕組みをいいます。

　分別管理における内部統制の目的は，分別管理の法令の遵守にありますが，より具体的には，分別管理における内部統制に係る統制目標を達成することです。

(2) 分別管理における内部統制の統制目標の具体例

　日本証券業協会会員である証券会社の顧客資産の分別管理の法令遵守のための方針，手続の円滑な整備および運用の指針として，日本証券業協会から「分別管理に係る内部統制のフレームワーク(改訂版)」が取りまとめられています。

　そこでは，分別管理における内部統制の統制目標は，①全般的事項，②有価証券の分別管理，③金銭等の分別管理，④会計，帳簿記録に区分されています。これについて，いくつか紹介します。

① 全般的事項

- 取締役が分別管理の法令遵守の重要性を認識し，かつ，会社の分別管理の法令遵守の状況を適時に把握していること
- 分別管理の法令遵守のための組織体制等が整備され，個々の職員が分別管理の法令，社内規程等を十分理解した上で日々の業務を行っていること
- 独立した部署が，分別管理の状況を適切にモニターしていること

② 有価証券の分別管理

［一般的事項］
- 関係役職員が，分別管理の法令で要求されている分別管理すべき顧客有価証券の範囲を，金融商品取引業者の業務および取扱商品に則して，網羅的に，かつ，正確に把握していること

［自社保管］
- 現物有価証券が保全されていること，等

［第三者機関保管］
- 第三者機関において保管させることにより管理することにつき，顧客の同意を得ていること
- 顧客有価証券の保管を行う第三者機関の選定が顧客資産の保全という観点から適切であること
- 分別管理すべき顧客有価証券のうち，自社保管以外について，その残高を網羅的に把握した上で，分別管理の法令で要求されている方法によって保管させることにより管理していること（混蔵保管，混蔵保管以外）
- 金融商品取引業者が占有するすべての有価証券のうち，第三者機関に保管させることにより管理している有価証券の帳簿残高の実在性および分別管理の状況（単純・混蔵・共有の別に）が確かめられていること，

等

③　金銭等の分別管理

[一般的事項]

- 顧客分別金信託勘定を設定する信託銀行の選定が，顧客資産の保全という観点から適切であること，等

[顧客分別金管理体制]

- 分別金の算定方法，算定対象が規定され，かつ，算定の基となるデータの記録内容の正確性および網羅性ならびに会計／帳簿記録との整合性が確保されていること
- 顧客分別金信託口座に，分別管理の法令で規定された必要金額が預託されていること
- 顧客分別金信託口座への入出金等が分別管理の法令に準拠し，適切な手続の下に行われていること
- 顧客分別金口座帳簿残高と当該信託銀行の残高とを定期的に照合する手続が存在すること，等

図表6-3　外部保管先と証券会社における残高との照合イメージ図

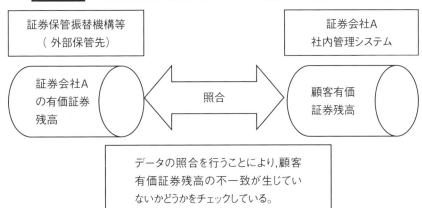

④ 会計，帳簿記録

[約定－対市場]
- 実行された取引が，決済処理および会計処理のため，漏れなく入力されていること
- 実行された取引が，金額，数量，通貨，相手先，日付，銘柄，自己または顧客等の主要な取引情報に関し正確にかつ適正な勘定に記録されていること

[取引の決済（対顧客，対市場）]
- 顧客の有価証券および金銭の移動が，有効な取引に関してのみ行われるか，あるいは適正な顧客の指示に対してのみ行われ，かつ適切に承認されていること
- 承認された有価証券および金銭の移動が，会計処理のため網羅的に，かつ，金額，数量，銘柄，通貨，顧客名，日付，受けまたは渡し等の主要な取引情報に関し正確に記録され，適切な勘定に記録されていること

[資産および記録に対するアクセス制限]
- 承認された従業員しか，資産および会計／帳簿記録（マスター・データ，金銭・有価証券の決済データを含む）にアクセスできないこと，等

Q6-4　分別管理の法令遵守についてのチェック制度

分別管理が法令上遵守されているかどうかのチェックにはどのようなものがありますか。

Answer Point ☝ ....

・顧客資産の分別管理が法令上遵守されているかどうかのチェックには，①内部監査，②外部監査，③金融庁検査・監督，④日本証券業協会による監査があります。

解　説

　投資者保護および証券市場の公益性の確保のため，証券会社の内部や外部には，分別管理が適切に実施されているかどうかについて，チェックする制度が存在します。

(1) 内部監査

　一般的に，証券会社は金融商品取引法上の第一種金融商品取引業者に該当します。そのため，金融庁の「金融商品取引業者等検査マニュアル」に従って，法令等の遵守状況や各種施策の機能を適宜，または定期的に評価・改善することを目的とする内部監査を行う態勢の整備が，証券会社において，実質的に要求されています。

　その上で，証券会社の顧客資産の分別管理の実施状況について，他の部門から独立した内部監査部門（独立した内部監査部門の設置が困難な場合には，監査役による監査の客観性を向上させる措置等）が，その適切性・有効性を定期的に評価しています。

(2) 外部監査

　証券会社は，顧客の金銭および有価証券の分別管理の状況について，毎年1回以上定期的に，公認会計士または監査法人の監査を受けなければなりません（金商法第43条の2第3項）。

　これを受けて，証券会社は，業種別委員会実務指針第54号に従った，公認会計士または監査法人による分別管理の法令遵守に関する検証業務を受けることとなります（金商業等府令第142条第1項）。

(3) 金融庁検査・監督

　証券会社に対して，顧客資産の分別管理に関する内部管理態勢および分別管理業務を対象とする，金融庁の検査（オンサイト）および監督（オフサイト）双方のモニタリングが行われます。

① 金融庁による検査

　証券会社は，金融庁検査部局・証券取引等監視委員会より，市場仲介者である証券会社の役割と責任を果たすにふさわしい適切な態勢整備が図られているかについて確認する目的で，顧客資産の分別管理について，図表6-4の項目への検査をオンサイト（実地）で受けています。

図表6-4 顧客資産の分別管理に関係する金融庁検査対象項目

内部管理態勢
（1）取締役等の認識および役割，（2）管理規程の整備，（3）自社保管資産の管理，（4）セキュリティ管理，（5）顧客分別金信託，（6）システムサポート，（7）その他分別管理の管理体制
分別管理業務
（1）対象有価証券および金銭，（2）保管方法（有価証券），（3）保管方法（金銭），（4）信用取引および発行日取引に係る顧客分別金，（5）デリバティブ取引に係る顧客分別金，（6）残高照合

② 金融庁による監督

　金融庁監督部局は，前述の検査と検査の間の期間においても，継続的に証券

会社の業務状況の情報の収集・分析を行い，証券会社の業務の健全性や適切性に係る問題を早期に発見し，必要に応じて行政処分等の監督上の措置を行い，問題が深刻化する以前に改善するための働きかけを行っています。

このため，証券会社は，金融庁監督部局により，オフサイト・モニタリングの一環として，顧客資産の分別管理の状況に関し，継続的にモニタリング調査表の提出を求められています。これにより，証券会社は継続的に顧客に帰属する有価証券および金銭等の分別管理の業務に関して，金融庁に関連資料の提出および報告を行い，金融庁による監督に服しています。

（4）日本証券業協会による監査

日本証券業協会は，金融商品取引法の規定により内閣総理大臣の認可を受けた認可金融商品取引業協会であり，その定款には法令・諸規則および取引の信義則の遵守状況等の調査に関する事項を記載しなければならないとされていることから，日本証券業協会では監査に関する事項を定めています。そして，監査の重点事項として，日本証券業協会の会員である証券会社に対して，顧客資産が確実に，かつ，整然と分別管理されているかどうかの点検が行われます。

加えて，日本証券業協会の会員である証券会社から財務状況等の定期報告を受けて，顧客資産の保全状況等を個別に適宜点検するとともに，必要に応じてより厳しい分別管理義務を課す等の保全措置を講じることとしています。

第7章

IFRSの概要

第7章では，IFRSの概要を説明し，現在の証券業の会計がどのような影響を受けるかを解説し，証券業に最も影響が大きいIFRSの金融商品会計基準，公正価値測定基準の概要を説明します。

Q7-1 証券業の会計へのIFRS適用による影響

日本で適用されている証券業の会計はIFRS適用によりどのように変わりますか。

Answer Point 👆

- IFRSには日本の統一経理基準のように証券業だけに適用される会計基準は存在しませんので，証券業特有の会計事象についても一般的な会計基準が適用されます。
- 金融商品の分類と測定，減損，相殺表示などが主な差異として認識されます。

解　説

日本において，証券会社は統一経理基準を適用して一般事業会社にはない特殊な会計処理を行っています。一方，IFRSは業種特有の会計ルールを定めていませんので，IFRS適用時には証券業特有の会計事象についても一般的な会計基準が適用されます。

また，金融商品の会計処理についても，日本において証券業に一般的にみられる処理がIFRS適用時には修正を必要とする場合があります。

図表7-1　証券業に係る基準間の主な相違点

	日本基準	IFRS
有価証券等の分類・測定	日本基準においては，有価証券を下記4区分に分類します。 ①売買目的有価証券 ②満期保有目的の債券 ③子会社および関連会社株式 ④その他有価証券 負債のうち金銭債務については原則として債務額を計上額とし（一定の条件下で償却原価法が認められています），デリバティブ負債については時価をもって計上額とします。 統一経理基準によれば，トレーディングの目的をもって自己の計算により売買した有価証券等を約定日基準で「商品有価証券等」の勘定をもって資産および負債に計上します。商品有価証券等は毎月末および期末には時価を付すことが要求されています。	IFRS第9号「金融商品」によれば，金融資産は有価証券に限らず以下の2区分に分類します。 ①公正価値で測定する金融資産 ②償却原価で測定する金融資産 ①はさらに，純損益を通じて公正価値で測定するもの（FVTPL）とその他の包括利益を通じて公正価値で測定するもの（FVTOCI）とに分けられます。 有価証券を含む金融負債は以下のいずれかに分類します。 ①純損益を通じて公正価値で測定される（FVTPL）金融負債 ②それ以外の金融負債は実効金利法による償却原価で測定 金融資産，負債の分類と測定の詳細についてはQ7-2をご参照ください。
デリバティブが組み込まれた複合金融商品の区分処理等	日本基準においては，金融資産および金融負債について組込デリバティブの区分処理の検討が必要です。 当初認識時に純損益を通じた公正価値測定（FVTPL）を指定する公正価値オプションの規定はありません。	IFRS第9号では，金融資産が主契約である場合，組込デリバティブの区分処理を行わず契約全体で金融資産の処理を検討します。 金融負債については，組込デリバティブの区分処理の検討が必要です。 当初認識時において取消不能の指定として公正価値オプションを選択することが可能となる場合があります。どのような場合に公正価値オプションの適用が可能となるかについては，Q7-2をご参照ください。

	日本基準	IFRS
約定見返勘定の表示	統一経理基準の規定により，「トレーディング商品」の見合い勘定として，約定代金相当額を取引約定日から受渡日の間経理処理します。取引の相手方を問わず，貸方残高と借方残高を相殺表示します。	IAS第32号「金融商品：表示」の相殺の要件に当てはまる場合にのみ相殺表示が強制されます。法的に強制可能な権利を現在有しており，かつ，純額決済か同時決済を実行する意図を有する，の要件を満たすことが必要です。
支払差金勘定，受取差金勘定の表示	取引所または清算機関との受払いが生じる差金については，統一経理基準の規定により，取引の相手方を問わず目的ごとに貸方残高と借方残高を相殺表示します。	IAS第32号の相殺の要件に当てはまる場合にのみ相殺表示が強制されます。法的に強制可能な権利を現在有しており，かつ，純額決済か同時決済を実行する意図を有する，の要件を満たすことが必要です。
デリバティブの相殺表示	金融商品会計基準により相殺表示は任意です。また，有効なマスターネッティング契約の存在により相殺可能です。	IAS第32号の相殺の要件に当てはまる場合にのみ相殺表示が強制されます。マスターネッティング契約の存在のみをもって相殺表示することはできません。

（注）IFRSは2018年9月30日現在公表されている基準書に基づいています。

Q7-2 IFRS金融商品会計基準—分類と測定

IFRSで定める金融商品会計基準はどのようなものですか。

Answer Point

- IFRS金融商品会計基準は現在3つの基準書から構成されています。IFRS第9号における金融商品の分類と測定は日本基準とは大きな差異があります。

(1) IFRS金融商品会計基準の全体像

　2018年1月1日以降に開始する事業年度に適用されるIFRSの金融商品会計はIAS第32号「金融商品：表示」，IFRS第7号「金融商品：開示」，IFRS第9号「金融商品」において定められています。なお，従来IAS第39号「金融商品：認識及び測定」で定められていたものは，マクロヘッジに関する規定を除き2018年1月1日以降に開始する事業年度からはIFRS第9号に置き換えられました。これらの基準書の主な内容は図表7-2-1のとおりです。

図表7-2-1　現行IFRS金融商品会計基準の主な内容

基準書	主な内容
IAS第32号「金融商品：表示」	負債と資本，複合金融商品，金融資産と金融負債の相殺
IFRS第7号「金融商品：開示」	金融商品の開示
IFRS第9号「金融商品」	認識および認識の中止，分類，測定，減損，ヘッジ会計

(2) IFRS金融商品会計基準の特徴—金融資産

IFRSに特徴的であり，日本基準と大きく異なる金融商品の分類と測定の概要をIFRS第9号に沿って説明します。

IFRS第9号に基づく金融資産の分類と測定の概要は，図表7-2-2のとおりです。

図表7-2-2 金融資産の分類と測定の概要

測定	分 類	例 示
償却原価	償却原価で測定される金融資産	• ローン • 満期保有目的債券
公正価値	その他の包括利益を通じて公正価値で測定される金融資産（FVTOCI）	• トレーディング目的でなく，満期保有目的でもない債券
	純損益を通じて公正価値で測定される金融資産（FVTPL）	• トレーディング目的で保有する有価証券 • 株式

① 償却原価で測定される金融資産

契約上のキャッシュ・フローを回収する事業モデル上の目的により保有し（事業モデル・テストを満たしている場合），かつ契約上のキャッシュ・フローは元本およびその利息の支払のみである場合（キャッシュ・フロー・テストを満たしている場合）には，当初認識時，公正価値で測定し，以後，実効金利法による償却原価で測定し，償却額は損益に計上します。

金融資産のうち償却原価で測定されるものについて，会計上のミスマッチを解消・大幅削減する場合，毎期公正価値測定する公正価値オプションを選択適用することができます（その場合の評価差額は損益計上）。ただし，この選択は，当初認識時においてのみ選択可能で，事後的に取消不能です。

② 公正価値で測定される金融資産

契約上のキャッシュ・フローの回収と売却の両方が目的である事業モデルで，かつ契約上のキャッシュ・フローは元本およびその利息の支払のみである場合（キャッシュ・フロー・テストを満たしている場合）には，公正価値で測定し，

公正価値オプションの適用を選択している場合を除き，その変動はその他の包括利益（以下，「OCI」という）に計上します（以下，「FVTOCI」という）。

　FVTOCIの分類となった場合，金利収益，為替差損益，減損に係る利得および損失は純損益で認識し，OCIで認識するのは，これらの項目（すなわち償却原価）と公正価値の変動の総額との差額です。なお，償却原価で測定される金融資産同様に，FVTOCIの分類となる金融資産についても，公正価値オプションを適用することができます。

　デリバティブを含むトレーディング目的保有の金融資産については，公正価値で測定し，公正価値の変動は純損益を通じて認識します（以下，「FVTPL」という）。また，株式等の資本性金融商品に対する投資は，基本的にはキャッシュ・フロー要件を満たさないため，通常はFVTPLに分類されますが，一定の要件を満たした場合にはOCIで公正価値の変動を認識することを選択できます（リサイクリング禁止）。ただし，この選択は，当初認識時においてのみ選択可能で，事後的に取消不能です。

　金融資産の分類の判定フローをまとめたものが，図表7-2-3です。

図表7-2-3　**金融資産の分類の判定フロー**

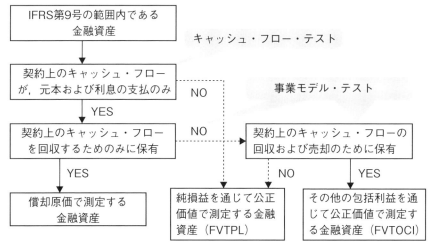

（上記のフロー図では，公正価値オプション，および資本性金融商品のOCIでの公正価値の変動の認識の選択の記載を省略）

(3) IFRS金融商品会計基準の特徴—金融負債

　金融負債については，デリバティブを含む純損益を通じて公正価値で測定される金融負債（FVTPL），金融資産の譲渡が認識の中止の要件を満たさない場合または継続的関与アプローチが適用される場合に生じる金融負債，一定の金融保証契約，市場金利を下回る金利で貸付金を提供するコミットメント，IFRS第3号「企業結合」が適用される企業結合における取得企業が認識した条件付対価を除き，当初認識時に公正価値で測定後，実効金利法による償却原価で測定します。

　金融負債のうち償却原価で測定されるものについて，会計上のミスマッチを解消・大幅削減する場合，あるいは経営者が金融負債を公正価値ベースで管理し業績評価している場合には，金融資産と同様に当初認識時に公正価値オプションを取消不能の指定として選択適用できます。ただし，当該金融負債の信用リスク（自己の信用リスク）の変動による影響は，会計上のミスマッチを創出あるいは拡大しない限りOCIとして計上し（リサイクリング禁止），それ以外の変動は損益計上します（FVTPL）。

Q7-3　IFRS金融商品会計基準―減損

IFRS第9号で定める金融商品の減損の基準はどのようなものですか。

Answer Point

- IFRS第9号では，従来，IAS第39号で採用されていた発生損失モデルではなく，予想信用損失モデルが適用され，予想信用損失に基づく減損が要求されています。
- 金融商品の信用リスクの程度に応じて3つのステージに分類し，ステージごとに引当額が算定されます。

解　説

(1) 予想信用損失の定義

　IFRS第9号の減損対象の金融商品として，償却原価で測定する金融資産，その他の包括利益を通じて公正価値で測定する金融資産（FVTOCI），ローン・コミットメント，金融保証契約，リース債権，IFRS第15号「顧客との契約から生じる収益」に基づいた契約資産があります。これらの金融商品に対してIFRS第9号では予想信用損失に基づく減損が要求され，IAS第39号で適用されていた発生損失モデルでの減損ではなくなりました。まず，重要な概念である，信用損失，予想信用損失の定義を述べます。

> [信用損失]
> 　契約に従って企業に支払われるべきすべての契約上のキャッシュ・フローと，企業が受け取ると見込んでいるすべてのキャッシュ・フローとの差額（すなわち，すべてのキャッシュ・フロー不足）を，当初の実効金利

（購入または組成した信用減損金融資産については，信用調整後の実効金利）で割り引いたもの。

［予想信用損失］
　信用損失をそれぞれの債務不履行発生リスクでウェイト付けした加重平均

（2）予想信用損失額の算定

　IFRS第9号では金融商品の信用リスクの程度に応じて3つのステージに分類し，各ステージに分類された金融商品について測定した予想信用損失の金額に基づく損失評価引当金を算定します。各ステージの説明は，図表7-3のとおりです。

図表7-3　各ステージの説明

	ステージ1	ステージ2	ステージ3
各ステージに分類される金融商品の信用リスクの程度の説明	当初認識時は基本的にステージ1。当初認識時以降に信用リスクが著しく増大していない場合。	当初認識時後に信用リスクが著しく増大した場合。	信用減損している場合。
損失評価引当金	12カ月の予想信用損失	全期間の予想信用損失	
金利収益計算	実効金利×総額の償却原価（引当金調整前）		実効金利×償却原価（総額の償却原価から引当金を控除）

　図表7-3のとおり，ステージ1か2かの判定は，金融商品の信用リスクが著しく増大しているかどうかによります。IFRS第9号では，「著しく増大」の定義は規定されていませんが，その評価を行う際に，予想信用損失の金額の変動ではなく，当該金融商品の予想存続期間にわたる債務不履行発生のリスクの変動を用いなければならないとされています。

　信用減損している場合には，ステージ3に分類されることになります。ここで，IFRS第9号では，金融資産が信用減損している証拠として，発行者または債務者の重大な財政的困難，契約違反(債務不履行または期日経過事象など)等が挙げられています。

　損失評価引当金の計算においては，ステージ1の場合には12カ月の予想信用損失（報告日から12カ月以内に生じ得る債務不履行事象から生じる予想信用損失）が，ステージ2および3の場合には全期間の予想信用損失（予想存続期間にわたるすべての生じ得る債務不履行事象から生じる予想信用損失）が用いられます。

　予想信用損失額は，①偏りのない確率加重金額，②貨幣の時間価値，③過去の事象，現在の状況および将来の経済状況の予測を反映して見積ることとされており，基準上で具体的な測定手法については規定されていませんが，実務上は，PD（Probability of Default：債務不履行確率），LGD（Loss Given Default：債務不履行時損失率），EAD（Exposure at default：債務不履行時与信額）等を用いて算定することが具体的な方法として挙げられます。

Q7-4 IFRS公正価値測定基準の概要

IFRSで定める公正価値測定の基準はどのようなものですか。

Answer Point ☝ ....

- IFRS第13号「公正価値測定」の対象は金融商品だけでなく，非金融商品を含みます。IFRS第13号は公正価値を定義し，公正価値測定の単一フレームワークを提示し，また開示内容を定めています。

IFRS第13号公表以前から，IFRSの基準書において金融商品あるいは非金融商品について公正価値測定を要求または許容してきました。しかし，複数の基準書が別個に定めた規定は必ずしも整合的ではないという問題があり，IASBおよび米国財務会計基準審議会（FASB）が，共通の高品質な国際的会計基準の設定を達成する努力の結果として，IFRS第13号が公表されました。

IFRS第13号は他のIFRS基準書に加えて新たに公正価値測定を要求したり容認するものではなく，公正価値を定義し，公正価値測定単一のフレームワークを提供すると同時に，公正価値測定に係る開示を規定する基準書です。その内容は，原則として米国会計基準とコンバージェンスしたものになっています。

日本基準においては，これまで公正価値の算定方法に関する詳細なガイダンスは定められていませんでしたが，IFRSや米国基準等の国際的な会計基準の定めとの比較可能性を向上させるために，時価の算定に関する会計基準の制定に向け，2019年7月に「時価の算定に関する会計基準」等がASBJより公表されています。

IFRS第13号は，「公正価値」を以下のように定義しています。

> 測定日時点で市場参加者間の秩序ある取引において，資産を売却するために受け取るであろう価格又は負債を移転するために支払うであろう価格（出口価格）

　公正価値測定においては，取引が「資産又は負債に関する主要な市場」で発生するか，もしくは主要な市場がない場合は「最も有利な市場」における市場参加者間で発生すると仮定します。

　この公正価値の定義は，公正価値が市場における測定であり，企業固有の測定ではないことを強調しています。金融商品について，活発な市場で取引される金融商品の公表価格を使用するという評価技法はごく一般的に使われていますが，そのような公表価格が存在しない場合，より複雑な評価技法を用いる必要があります。そのような評価技法を用いる場合のインプットは，その市場の参加者が当該資産または負債を評価する際に使用するであろうインプットと一致したものでなければなりません。つまり，公正価値測定に際して使用される評価技法は，その市場において観察可能なインプットを最大限に使用し，観察不能なインプットの使用は最小限としなければなりません。

　一般的に，取引価格は公正価値の最良の証拠となりますが，たとえば以下のように企業が複数の異なった市場の取引参加者であるような場合，取引価格が公正価値とみなされないことがあります。

　企業A（小口顧客である相手方）は，リテール市場で企業B（証券ディーラー）と当初の対価なし（すなわち，取引価格がゼロ）で金利スワップを行う。企業Aがアクセスできるのはリテール市場だけで，企業Bは，リテール市場（すなわち，小口顧客である相手方）とディーラー市場（すなわち，証券ディーラーである相手方）の両方にアクセスできる。

　企業Bの観点からは，ディーラー市場（リテール市場ではなく）が当該スワップの主要な市場である。仮に企業Bがスワップに基づく権利及び義務を移転するとした場合，そのディーラー市場でディーラーとそれを行

うことになるであろう。企業Bが当初にスワップを行った市場が当該スワップの主要な市場と異なるため，取引価格（ゼロ）は，企業Bにとっての当該スワップの当初認識時の公正価値を必ずしも表さない。

　公正価値が取引価格（ゼロ）と異なる場合には，企業Bは，IAS第39号「金融商品：認識及び測定」又はIFRS第9号「金融商品」を適用して，その差額を当初認識時に利得又は損失として認識するかどうかを決定する。

（出所：IFRS第13号IE24項，IE26項）

IFRS第9号によれば，当初認識時に金融商品の公正価値が取引価格と異なると企業が判断する場合には，その差額は，公正価値測定が活発な市場の同一の資産または負債の相場価格に基づくものであるか，あるいは公正価値測定に用いられたインプットが市場で観測可能である場合を除き，損益に即時認識せず繰り延べて調整する必要があります。

IFRS第13号においては，公正価値測定の評価技法で使用した重要なインプットの市場における観察可能性をレベル1から3に区分して（公正価値ヒエラルキー）開示することを要求しています。その中でも，特にレベル3に区分される公正価値測定については，評価技法，インプット，期中変動，未実現利益や感応度など，定量的，定性的に詳細な情報開示が必要になります。

公正価値ヒエラルキーは，図表7-4のとおり，以下のような規準で決定されます。

- 取引される市場が「活発な市場」であるかどうか
- 活発な市場であれば「同一」の資産または負債の相場価格か，それとも「類似」の資産または負債か
- 相場価格ではない場合，観察可能なインプットから導出されている，あるいは観察可能なインプットに裏づけられている価格であるかどうか

図表7-4　公正価値のヒエラルキー

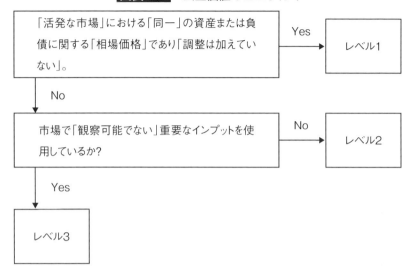

第**8**章

財務諸表の分析

日本証券業協会のホームページによれば，2019年12月2日現在の会員（金融商品取引業者）は，268社（うち10社は外国法人）です。これらの会社は，メインとなる取引や，会社規模が異なるため，財務諸表を分析する際に有用な情報は異なります。この章では，一般的に広く用いられる経営指標や経済指標を取り上げて解説します。

Q8-1 証券会社に関する経営指標

証券会社の財政状態や経営成績を測るための財務諸表および経営指標にはどのようなものがありますか。

Answer Point

- 財政状態を表す財務諸表として貸借対照表があり，期末日の一時点における状況を表します。勘定科目には，経常的に一定の範囲内を推移する性質のもの，スポット的に増減が激しく生じるもの等があります。
- 経営成績を表す財務諸表として損益計算書があり，一事業年度（通常は1年間）に稼得した利益を表します。段階損益ごとに，収益と費用の勘定科目が対応して開示されているため，どのような業務で利益を稼得しているか，あるいは損失が生じているかを把握することが可能です。
- 上場会社には，一事業年度の資金（現金および現金同等物）の流れを表す財務諸表として，キャッシュ・フロー計算書があります。
- 貸借対照表や損益計算書を見る際には，注記情報も一緒に見ることにより，より会社実態に即した情報が得られます。

（1）貸借対照表および損益計算書

貸借対照表を見ると，どのように資金を調達して，何に運用しているのかがわかります。貸方の負債・純資産は期末の一時点における資金の調達源泉を，借方の資産は運用状況を表します。財務の健全性の観点から，資産・負債・純資産のバランスを測る指標があります（自己資本比率など）。また，貸借対照

表と損益計算書にまたがる分析をすることも有用な方法です。

　一方，損益計算書の勘定科目に着目すると，証券会社のどのようなビジネスが収益の獲得源泉になっているかを見ることができます。有価証券の委託手数料をメインに据えている会社の場合には，受入手数料の中でも「委託手数料」の金額割合が高くなりますが，他方，引受け，募集，売出しを行う証券会社については，受入手数料に占める委託手数料の割合が減少します。また，IPOのアドバイザリーやM&A，証券化を取り扱う証券会社の場合には，その他の受入手数料の金額割合が大きくなります。

　また，貸借対照表上トレーディング商品の金額が大きい証券会社は，損益計算書上のトレーディング損益の金額も大幅に振れる傾向が強くなります。なお，貸借対照表は基準日の一時点における金額を表すのに対して，損益計算書は年間を通じて稼得した金額を表しますので，必ず比例するものではありませんが，大手証券会社のトレーディング商品残高とトレーディング損益の数値推移を観察すると，その規模感がわかります。

(2) キャッシュ・フロー計算書

　有価証券報告書を提出している証券会社は，キャッシュ・フロー計算書の作成が求められています。キャッシュ・フロー計算書は，事業年度の資金（現金および現金同等物）に関する財務諸表であり，証券会社のキャッシュ・フロー計算書も一般事業会社と同様に，①営業活動によるキャッシュ・フロー，②投資活動によるキャッシュ・フロー，③財務活動によるキャッシュ・フローの3区分で構成されますが，証券会社では信用取引，貸借レポ取引等の残高増減によって，営業活動によるキャッシュ・フローが大きく変動するという特徴があります。

(3) 経営指標（ROE）

　会社の経営効率を示す指標として，自己資本利益率（Return on Equity，以下，「ROE」という）があります。この指標が高いほど，効率的に利益を上げられたことを表します。ROEは下記で示す算式により算出されますので，ROEを高めるには①当期純利益を高めるか，あるいは②自己資本を小さくするかの

2つの方法があります。

$$ROE = \frac{当期純利益}{自己資本} \quad \begin{array}{l} \Rightarrow 年間の稼得利益 \\ \Rightarrow ビジネスの源泉 \end{array} \quad \cdots(a)$$

なお，ここで使用する自己資本は，貸借対照表上の純資産合計から，少数株主持分等を除く株主資本を使用します。

ここで，ROEの分母と分子をそれぞれ発行済株式総数で除しますと，以下の関係式(b)が成立します。

$$ROE = \frac{当期純利益/発行済株式総数}{自己資本/発行済株式総数} \quad \begin{array}{l} \Rightarrow 1株当たり当期純利益 \\ \Rightarrow 1株当たり自己資本 \end{array} \quad \cdots(b)$$

株価収益率（Price Earnings Ratio，以下，「PER」という）とは，会社の株価と会社の利益関係を表したものです。PERが高いほど，市場で高く評価されており割高であることを示します。

$$PER = \frac{株価}{1株当たり利益} \cdots\cdots①$$

株価純資産倍率（Price Book-Value Ratio，以下，「PBR」という）とは，株価が1株当たり純資産の何倍かを示す指標であり，投資判断に使われます。

$$PBR = \frac{株価}{1株当たり純資産} \cdots\cdots②$$

図表8-1は東京証券取引所市場一部の業種別PER，PBRの抜粋です。

PBRが1のときは，純資産と株価が等しい状況ですから，PBRが1以下になると，理論的には，事業を継続するよりも清算したほうがよいことになります。なお，わかりやすくするため，ここでは1株当たり自己資本を1株当たり純資産と読み替えて説明します。

1株当たり利益は1株当たり当期純利益と同一として(b)式を展開すると，下記で示すことができます。

$$ROE = \frac{PBR}{PER} \quad \cdots(b)$$

図表8-1　業種別PER・PBR

市場一部				規模別・業種別　PER・PBR（連結）					2019年11月末	
種別	会社数	単純				加重				
		PER	PBR	1株当たり 当期純利益	1株当たり 純資産	PER	PBR	当期純利益 合計	純資産 合計	
	社	倍	倍	円	円	倍	倍	億円	億円	
29　証券，商 　品先物取引 　業	23	16.7	0.8	47.38	1,026.25	73.8	0.8	603	56,175	
28　銀行業	82	8.2	0.3	180.88	4,669.62	10.4	0.4	32,628	778,359	
30　保険業	9	14.0	1.0	212.34	2,912.13	12.0	0.8	10,967	158,536	
31　その他金 　融業	27	11.6	1.0	170.47	1,982.78	10.6	1.0	7,707	79,092	
総合（金融業 を除く）	2,013	18.0	1.3	129.88	1,784.04	16.3	1.4	360,449	4,182,327	
総合	2,154	17.4	1.2	131.79	1,893.00	15.7	1.2	412,355	5,254,491	

（注）1．集計対象は，連結財務諸表を作成している会社は連結，作成していない会社は単体の数値。

2．（略）

3．本表の作成にあたって使用した当期純利益および純資産は，2018年9月期〜2019年8月期の確定数値である。

（出所：日本取引所グループマーケット情報＞統計情報（株式関連）＞その他統計資料＞規模別・業種別PER・PBR＞2019年11月末のデータ）

　または

　　$ROE \times PER = PBR$……(c)

と表せますので，ROEが高く，経営効率の良い会社の場合には，PBRが高いか，PERが低いか，あるいはその両方が該当する場合が想定されます。逆に，ROEが低く経営効率の悪い会社の場合には，PBRが低いか，PERが高いか，あるいはその両方が該当する場合が想定されます。

（4）自己資本規制比率

　証券会社の財務の健全性を測る指標として，自己資本規制比率があります。自己資本規制比率については，第5章で説明しています。

Q8-2 外部環境

証券業に関わる人は，どのような経済指標に注目していますか。

Answer Point

- 証券会社はフロント・ミドル・バックの部署に区分されており，それぞれの目的に従った業務を行っています。一口に証券業に係る人といっても，立場や目的がさまざまです。ここでは，財務諸表を分析する際に有用な経済指標として，最も代表的な例を取り上げ，それが一般的に財務諸表に与える影響について解説します。

解説

(1) 証券会社のビジネスは，市況によって大きく左右されます。そのため，財務諸表を分析する際には，マーケットの値動きを示す株価指数が重要な経済指標となります。日本市場の株価指数の代表例として，日経平均株価（日経225），東証株価指数（TOPIX）があります。日経平均株価とは，東証一部上場銘柄のうち市場を代表する225銘柄の株価平均を表す指標です。東証株価指数は，東証一部上場の全銘柄の時価総額の変化を表す指標です。

また，米国市場の重要な株価指数としては，NYダウ工業株30種（NYダウ），S&P500種等があります。NYダウ工業株30種は，米国を代表する優良30銘柄によって算出される株価指数であり，S&P500種は幅広い業種から選定した500銘柄の時価総額によって算出される株価指数です。

(2) 債券市場を見る際に重要になるのは，金利動向です。日本の短期金利の代表例として無担保コール・レート（オーバーナイト物）があります。無担保コール・オーバーナイト物とは，金融機関が当日の資金過不足を調整するた

めに行う，当日から翌日にかけての1日間の資金の貸し借りですが，この金利が無担保コール・レート（オーバーナイト物）であり，日本銀行の金融調節によってコントロールされています。他国においても，中央銀行によって政策金利が決められており，米国ではフェデラルファンドレートとなっています。

　また，日本の長期金利として一般的な指標となっているのが，日本国債（10年物）の金利です。長期金利はその時点の金融政策の影響も受けますが，長期資金の需要と供給関係によって決まります。長期金利の決定要因には，期待インフレ率，期待潜在成長率，リスクプレミアム等，将来的予測に関連するものがあり，この点が短期金利の決定要因と異なっています。

　また，債券価格と長期金利は逆相関の関係にあり，金利が上昇すれば債券価格が下落し，金利が下落すれば債券価格は上昇します。欧州の金融危機の際，実際にギリシャの長期金利は上昇し，債券価格は下落しています。

⑶　財務諸表を分析する際には，為替レート（為替相場）も重要です。為替レートは，外国為替市場において異なる通貨が交換（売買）される際の交換比率ですが，米ドルは国際的な基軸通貨であるため，円・ドルレートが最も重視されます。為替レートは市場における需要と供給のバランスによって決まりますが，中央銀行による為替介入が行われることもあります。また，東証一部の株式売買代金に対する，海外投資家による委託取引金額の割合は，2019年10月で約6割を占め，為替レートの変動により，海外投資家の売買高が変動するため，国内マーケットにも大きな影響を与えます。そのため，為替レートは証券会社のポジションや利益を左右しますし，連結財務諸表を作成している証券会社の場合には，海外子会社の財務諸表を換算する際に，直接的に影響を及ぼします。

⑷　財務諸表の金額の推移が経済指標によってすべて説明できるわけではありませんが，要因として考慮することは有用です。たとえば，日経平均株価やTOPIXの上昇傾向が続くとマーケット参加者の投資意欲も増加して取引売買高が高まり，市況が活発な場合には，委託手数料も相対的に増加します。また，景気が良くなると，企業の資金調達の機会が増加するため，募集，引受け，売出しが活発化し，これに関連する手数料が増加します。さらに，ト

レーディングが活発に行われますので，貸借対照表上のトレーディング資産，負債，損益計算書上のトレーディング損益の金額増減が激しくなります。また，証券会社が利益体質となって大きな利益を稼得すれば，従業員，役員に対する報酬も増加することにつながりますので，貸借対照表上の賞与引当金や役員賞与引当金，損益計算書上の人件費の金額が大きくなる傾向があります。また，取引関係費のように変動的な費目も増加します。

第9章

証券業の新収益認識会計基準の適用

第9章では，日本で新たに公表された収益認識会計基準の概要を紹介します。

また，収益認識会計基準の適用が証券業の会計に与える影響について考察します。

Q9-1 収益認識に関する会計基準等の概要

2018年3月に公表された「収益認識に関する会計基準」の概要について教えてください。

Answer Point

- 収益認識会計基準等の公表により，収益は実現主義によるものではなく，IFRS第15号「顧客との契約から生じる収益」と同様に，5つのステップを踏まえて認識することとされています。
- ただし，収益認識会計基準等では，これまでわが国で行われてきた実務等に配慮し，IFRS第15号における取扱いとは別に，個別項目に対して，重要性等に関する代替的な取扱いが定められています。
- 収益認識会計基準等は，2021年4月1日以後開始する年度の期首から適用されます。

解 説

(1) 5つのステップを踏まえた収益の認識

わが国において，収益の認識は，企業会計原則に，「売上高は，実現主義の原則に従い，商品等の販売又は役務の給付によって実現したものに限る。」（企業会計原則 第二 損益計算書原則 三 B）とされていました。

2018年3月に公表され，2020年3月に改正された企業会計基準第29号「収益認識に関する会計基準」（以下，「収益認識会計基準」という）および企業会計基準適用指針第30号「収益認識に関する会計基準の適用指針」（以下，「収益認識適用指針」といい，これらを合わせて「収益認識会計基準等」という）により，収益は，IFRS第15号と同様に，以下の5つのステップを踏まえて認識す

ることとされています。

（ステップ1）顧客との契約を識別する。

（ステップ2）契約における履行義務を識別する。

（ステップ3）取引価格を算定する。

（ステップ4）契約における履行義務に取引価格を配分する。

（ステップ5）履行義務を充足した時にまたは充足するにつれて収益を認識
する。

したがって，企業は，自社のビジネスを上述した5つのステップにどのように当てはめて収益を認識するのかを検討する必要があります。

なお，収益認識会計基準等は，国内外の企業間における財務諸表の比較可能性の観点から，IFRS第15号の基本的な原則を取り入れることを出発点として，各定めが設けられていますが，これまでわが国で行われてきた実務等に配慮すべき項目については，比較可能性を損なわせない範囲で代替的な取扱いが追加されています。

(2) 顧客との契約の識別（ステップ1）

「顧客」とは，対価と交換に企業の通常の営業活動により生じたアウトプットである財またはサービスを得るために当該企業と契約した当事者をいいます。また，「契約」とは，法的な強制力のある権利および義務を生じさせる複数の当事者間における取決めをいい，書面に限らず，口頭や取引慣行等によっても成立します。

企業は，財またはサービスの移転を約束した相手先が，顧客に当たるかどうかを評価し，どの契約（契約書，取引約款，申込書，取引慣行等を含む）が，顧客との契約に当たるのかを判断することが第1ステップとなります。

(3) 契約における履行義務の識別（ステップ2）

「履行義務」とは，顧客との契約において，別個の財またはサービス，あるいは，一連の別個の財またはサービスを顧客に移転する約束をいいます。

ステップ1で識別した契約には，たとえば，①顧客に商品Xを引き渡す約束

と，②商品Xを引き渡した後2年間，その保守サービスを提供する約束の，2つを約束している場合のように，顧客に対して複数の財またはサービスを提供する約束をしていることがあります。このような場合，この2つの約束が別個の履行義務かどうかを判断する必要があります。

具体的には，顧客に約束した財またはサービスは，図表9-1に記載する2つの要件のいずれも満たす場合には，別個のもの（別個の会計単位）とされます。

図表9-1　顧客に約束した財またはサービスが別個の履行義務かどうかの判断

（要件1）	財またはサービスから単独で顧客が便益を享受することができること，あるいは，財またはサービスと顧客が容易に利用できる他の資源を組み合わせて顧客が便益を享受することができること
（要件2）	財またはサービスを顧客に移転する約束が，契約に含まれる他の約束と区分して識別できること（財またはサービスを顧客に移転する約束が契約の観点において別個のものとなること）

（要件1）について，たとえば，企業が特定の財またはサービスを通常は独立して販売している場合，財またはサービスから単独で顧客が便益を享受することができると考えられます。

（要件2）について，財またはサービスを顧客に移転する複数の約束が区分して識別できないことを示す要因には，たとえば，以下があるとされています。

- 財またはサービスをインプットとして使用し，契約において約束している他の財またはサービスとともに，顧客が契約した結合後のアウトプットである財またはサービスの束に統合する重要なサービスを提供していること
- 財またはサービスの1つまたは複数が，契約において約束している他の財またはサービスの1つまたは複数を著しく修正するまたは顧客仕様のものとするか，あるいは他の財またはサービスによって著しく修正されるまたは顧客仕様のものにされること
- 財またはサービスの相互依存性または相互関連性が高く，当該財またはサービスのそれぞれが，契約において約束している他の財またはサービスの1つまたは複数により著しく影響を受けること

(4) 取引価格の算定および履行義務への配分（ステップ3およびステップ4）

　取引価格とは，財またはサービスの顧客への移転と交換に企業が権利を得ると見込む対価の額（ただし，第三者のために回収する額を除く）をいい，取引価格を算定する際には，変動対価，契約における重要な金融要素，顧客に支払われる対価等の影響を考慮します。また，それぞれの履行義務に対する取引価格の配分は，財またはサービスの独立販売価格の比率に基づき行います。

(5) 収益の認識（ステップ5）

　収益は，顧客に財またはサービスの支配を移転することにより，履行義務を充足した時に（一時点で）または充足するにつれて（一定の期間にわたって），認識します。ここで，財またはサービスに対する支配とは，当該財またはサービスの使用を指図し，当該財またはサービスからの残りの便益のほとんどすべてを享受する能力（他の企業が財またはサービスの使用を指図して，財またはサービスから便益を享受することを妨げる能力を含む）をいいます。

① 一定の期間にわたり充足される履行義務

　次の(a)から(c)の要件のいずれかを満たす場合，財またはサービスに対する支配を顧客に一定の期間にわたり移転することにより，一定の期間にわたり履行義務を充足し収益を認識します。

　(a) 企業が顧客との契約における義務を履行するにつれて，顧客が便益を享受すること

　(b) 企業が顧客との契約における義務を履行することにより，資産が生じるまたは資産の価値が増加し，当該資産が生じるまたは当該資産の価値が増加するにつれて，顧客が当該資産を支配すること

　(c) 次の要件のいずれも満たすこと
　　• 企業が顧客との契約における義務を履行することにより，別の用途に転用することができない資産が生じること
　　• 企業が顧客との契約における義務の履行を完了した部分について，対価

　を収受する強制力のある権利を有していること

②　一時点で充足される履行義務

　上記①(a)から(c)の要件をいずれも満たさず，履行義務が一定期間にわたり充足されるものではない場合，一時点で充足される履行義務として，財またはサービスに対する支配を顧客に移転することにより履行義務が充足される時に収益を認識します。

　財またはサービスに対する支配の顧客への移転を検討するにあたっては，たとえば，以下の指標を考慮することとされています。

- 企業が顧客に提供した資産に関する対価を収受する現在の権利を有していること
- 顧客が資産に対する法的所有権を有していること
- 企業が資産の物理的占有を移転したこと
- 顧客が資産の所有に伴う重大なリスクを負い，経済価値を享受していること
- 顧客が資産を検収したこと

(6) 重要性等に関する代替的な取扱い

　収益認識会計基準等では，これまでわが国で行われてきた実務等に配慮し，財務諸表間の比較可能性を大きく損なわせない範囲で，IFRS第15号における取扱いとは別に，個別項目に対して，重要性等に関する代替的な取扱いが定められています。

　証券業に関連する，重要性等に関する代替的な取扱いの主な項目は以下のとおりです。

- 契約変更による財またはサービスの追加が，既存の契約内容に照らして重要性が乏しい場合には，当該契約変更について処理するにあたり，独立した契約として処理する方法，既存の契約を解約して新しい契約を締結したものと仮定して処理する方法，または既存の契約の一部であると仮定して処理する方法のいずれの方法も適用することができる。
- 約束した財またはサービスが，顧客との契約の観点で重要性が乏しい場合

には，当該約束が履行義務であるのかについて評価しないことができる。

- 履行義務の基礎となる財またはサービスの独立販売価格を直接観察できない場合で，当該財またはサービスが，契約における他の財またはサービスに付随的なものであり，重要性が乏しいと認められるときには，当該財またはサービスの独立販売価格の見積方法として，残余アプローチ[※]を使用することができる。

> （※）　残余アプローチとは，独立販売価格の見積方法として，収益認識適用指針に例示されている方法で，契約における取引価格の総額から契約において約束した他の財またはサービスについて観察可能な独立販売価格の合計額を控除して見積る方法をいいます。

(7) 開　示

2020年3月に改正された収益認識会計基準等では，開示（表示および注記事項）について，新たに定められました。注記事項として，重要な会計方針の注記，収益認識に関する注記（開示目的，収益の分解情報，収益を理解するための基礎となる情報，当期および翌期以降の収益の金額を理解するための情報）が求められています。

(8) 適用時期

収益認識会計基準等は，2021年4月1日以後開始する年度の期首から適用されます。ただし，2018年4月1日以後開始する年度の期首から適用するなどの早期適用が認められています。

Q9-2 収益認識会計基準等の適用範囲

証券業での収益認識会計基準等の適用範囲を教えてください。

Answer Point

- 収益認識会計基準等は，基本的に，顧客との契約から生じる収益に関する会計処理および開示に適用されます。
- なお，収益認識会計基準等の適用除外項目である「金融商品の組成または取得に際して受け取る手数料」に該当する手数料は限定的であり，証券会社が受け取る手数料に対して，この適用除外が広く適用されるものではないと解されます。
- 証券業において，統一経理基準の中で計上基準が示されている収益がありますが，収益認識会計基準等の適用により留意が必要です。

解説

(1) 収益認識会計基準等の適用範囲

収益認識会計基準等は，次の①から⑦を除き，顧客との契約から生じる収益に関する会計処理および開示に適用されます。

① 企業会計基準第10号「金融商品に関する会計基準」（以下，「金融商品会計基準」という）の範囲に含まれる金融商品に係る取引

② 企業会計基準第13号「リース取引に関する会計基準」の範囲に含まれるリース取引

③ 保険法（平成20年法律第56号）における定義を満たす保険契約

④ 顧客または潜在的な顧客への販売を容易にするために行われる同業他社との商品または製品の交換取引（たとえば，2つの企業の間で，異なる場

所における顧客からの需要を適時に満たすために商品または製品を交換する契約）

⑤　金融商品の組成または取得に際して受け取る手数料

⑥　日本公認会計士協会会計制度委員会報告第15号「特別目的会社を活用した不動産の流動化に係る譲渡人の会計処理に関する実務指針」の対象となる不動産（不動産信託受益権を含む）の譲渡

⑦　資金決済に関する法律（平成21年法律第59号）における定義を満たす暗号資産および金融商品取引法（昭和23年法律第25号）における定義を満たす電子記録移転権利に関連する取引

(2)「金融商品の組成または取得に際して受け取る手数料」の範囲

上記（1）⑤において，収益認識会計基準等の適用除外項目として記載されている「金融商品の組成または取得に際して受け取る手数料」は，証券会社が受け取る手数料（委託手数料，引受・売出手数料など）に，適用除外として広く適用されるものではないと解されます。下記は収益認識会計基準等の「結論の背景」からの抜粋です。

> • 2020年改正会計基準公表時点で，当委員会は金融商品会計基準について見直しを行っているところである。
> • 顧客との契約から生じる収益に該当する金融商品の組成又は取得に際して受け取る手数料については，金融商品会計基準の見直しと合わせて検討を行う予定である。

(3) 証券業での収益認識会計基準等の適用範囲

証券業における収益認識会計基準等の適用範囲の概要は，図表9-2のとおりです。収益認識会計基準等の適用範囲となる項目についての詳細は，Q9-3以下をご参照ください。

図表9-2 収益認識会計基準等の適用範囲

収益科目（統一経理基準^(注)）		現行の統一経理基準による計上時期	会計基準の適用範囲
大科目	中科目		
受入手数料	委託手数料	原則として，金融商品取引所における約定日，またはこれに準じる日。	収益認識会計基準等の適用範囲
	引受け・売出し・特定投資家向け売付け勧誘等の手数料	原則として，引受責任料および事務幹事料相当額は条件決定日。販売手数料相当額は募集等申込日。	
	募集・売出し・特定投資家向け売付け勧誘等の手数料	原則として，募集等申込日。	
	その他の受入手数料		収益認識会計基準等の適用範囲
トレーディング損益	－		金融商品会計基準
金融収益	信用取引収益，現先取引収益，有価証券貸借取引収益，受取配当金，受取債券利子，収益分配金，受取利息		
	その他の金融収益		収益認識会計基準等を適用するかどうかは，契約による

（注）「有価証券関連業経理の統一に関する規則」（日本証券業協会公表）を指します。

Q9-3　収益認識会計基準等の適用—委託手数料

委託手数料は，収益認識会計基準等の適用によりどのような影響を受けますか。また，収益認識会計基準等の適用による主な検討ポイントの概要を教えてください。

Answer Point

- 約定・決済サービスの手数料については，通常，委託取引の実行の都度当該サービスを1つの履行義務として識別し，約定日に履行義務を充足し，収益を認識します。
- 保管サービスの手数料については，通常，保管サービスは約定・決済サービスとは別個の履行義務として識別し，サービス期間にわたって履行義務を充足し，したがって，その期間にわたり収益を認識します。
- 委託手数料の収益認識の主な検討ポイントの概要は，図表9-3に掲載しています。

解説

（1）約定・決済サービスに対する手数料

①　履行義務の識別

約定サービスと決済サービスを別個の履行義務として識別するか否か，という点について，一般的に，約定と決済という要素が組み合わさって証券取引が完遂され，顧客は1つの結合された便益を得ます。したがって，約定サービスと決済サービスは，通常1つの結合されたサービスとして，1つの履行義務として識別されるものと考えられます。

② 履行義務の充足

　約定・決済サービスは上記のとおり，通常１つの履行義務として識別される
ものと考えられますが，履行義務の充足は，一般的に下記の状況にあると考え
られることから，通常，委託取引の約定日に履行義務が充足されるものと考え
られます。

- 決済日にフェイルが生じたとしても，顧客は約定日時点で依然として有価
  証券等からの便益を得ることができる
- 一般的に取引全体に対する決済フェイルの割合は極めて僅少であり，また
  一般的に決済フェイルは容易かつ早期に解消され得る
- 証券の決済プロセスは証券会社としても業界全体としても一般的によく整
  備されており，重要な労力を要しない
- 顧客は約定日に購入した有価証券等の価格変動による便益を得る権利を有
  し，当該金融商品の売却を指示できる

　また，上記の履行義務が充足されるまでは，顧客は有価証券等からの便益を
得ることができず，新たな資産（有価証券等）の発生や資産価値の増加も生じ
得ないものと考えられます。

　したがって，約定・決済サービスに対する手数料は，約定日に一時点で収益
認識されるものと考えられます。

(2) 保管サービスに対する手数料

① 履行義務の識別

　有価証券の保管サービスでは一般的に，上記約定・決済サービスの提供者と
は別の者からの提供を受けることができ，また，他のサービスと区分して識別
することができることから，通常，約定・決済サービスとは別個の履行義務と
して識別するものと考えられます。

② 履行義務の充足

　有価証券の保管サービスでは一般的に，サービスの提供者が契約期間を通じ
てサービスを提供するにつれて，顧客はサービスによる便益を享受することが
できることから，通常，一定期間を通じて履行義務が充足されると考えられま

す。

図表9-3　収益認識会計基準等の論点マップ―委託手数料

Step 1 契約の識別	Step 2 履行義務の識別	Step 3 取引価格の算定	Step 4 取引価格の配分	Step 5 履行義務の充足
顧客と合意し，かつ，所定の要件を満たす<u>契約を識別する</u>	契約に含まれる約束について，約束の性質およびどのような<u>単位で会計処理すべきか</u>を決定する	財またはサービスの移転と交換に権利を得ると<u>見込む対価</u>（取引価格）を算定する	契約に含まれる履行義務に対して，取引価格を各履行義務の<u>独立販売価格の比率に基づき配分する</u>	履行義務の充足に基づき<u>収益を認識する</u>
契約の識別（要件） ●承認と義務の履行の約束 ●権利の識別 ●支払条件の識別 ●経済的実質 ●対価の回収可能性	契約に含まれる約束の性質 ●履行義務とはならない活動	変動対価 ●変動対価の見積方法 ●変動対価の見積りの制限 ●変動対価の見積りの見直し ●返金負債の認識	独立販売価格の測定 ●独立販売価格の見積方法	履行義務が一時点で充足されるか一定期間にわたって充足されるかの決定
契約の結合	複数の約束が別個の履行義務となるかどうかの判定	契約における重要な金融要素	特定の履行義務グループへの値引きの配分	（一時点の場合）「支配」の顧客への移転時期の決定 ●「顧客による検収」の関連性
契約変更	複数の約束が「一連の別個の財又はサービス」に該当するかどうかの判定	現金以外の対価 顧客に支払われる対価	特定の履行義務／履行義務グループへの変動対価の配分	（一定期間の場合）進捗度の測定 ●進捗度の測定方法 ●進捗度測定に含めてはならない項目 ●進捗度を信頼性をもって測定できない場合の収益の認識
		取引価格の変動		

委託手数料

約定・決済サービスに対する対価

契約発生のタイミング	約定・決済サービスと別個？			●一時点or一定期間？ ●約定日or決済日？
	将来（2回目以降）の委託取引の取扱い			
	ボリュームディスカウント		ボリュームディスカウント	

保管サービス／最低取引量保証サービスに対する対価

	約定・決済サービスと分離可能？			
手数料が約定・決済サービス手数料と分離している場合／分離していない場合の取扱い				一時点or一定期間？

Q9-4 収益認識会計基準等の適用—引受け・募集・売出しに関連する手数料

引受け・募集・売出しに関連する手数料は，収益認識会計基準等の適用によりどのような影響を受けますか。また，収益認識会計基準等の適用による主な検討ポイントの概要を教えてください。

Answer Point

- 引受け・売出し手数料について，本人・代理人の検討を行います。通常，主幹事は主幹事引受分に係る手数料のみ履行義務を識別します。
- 履行義務の充足は，通常，引受日または条件決定日かと考えられます。
- 募集・売出し手数料について，契約に複数のサービスが含まれる場合，各サービスを別個の履行義務として識別するかどうかを検討します。各履行義務の充足のパターンを分析することが必要です。
- 引受け・募集・売出し手数料の収益認識の主な検討ポイントの概要は，図表9-4に掲載しています。

解 説

(1) 引受け・売出し業務に係る履行義務の充足

① 一定期間か一時点か

引受け・売出し業務（履行義務）は，一般的に以下の状況にあると考えられることから，通常，一定期間にわたり充足されず，一時点で充足されるものと考えられます。

- 仮に他の会社が，現在引受け・売出し業務を提供している会社に代わり，その業務を提供することとなった場合，現在提供している会社が現時点までに実施した引受け・売出しの作業（例：Due Diligence，セールス，マーケティング活動）を，他の会社は通常利用できず，他の会社独自で再度実施することが必要である
- 引受け・売出し業務により，有価証券の発行者（顧客）により支配される資産の創出や資産価値の増加は生じない
- 引受サービスでは，会社は，有価証券の発行者（顧客）特有の状況・環境に基づく個別性の強いサービスを提供するが，通常の引受契約では，有価証券の発行が達成されるまでは手数料を授受する強制力ある権利を有さない

②　充足時期

引受け・売出し業務（履行義務）は，一般的に以下の状況にあると考えられることから，通常，引受日または条件決定日に充足されるものと考えられます。

- 証券会社は，有価証券の引受日または条件決定日に，引受手数料を授受する権利を有する
- 有価証券の発行者（顧客）は，有価証券の引受日または条件決定日に，資金調達の法的権利を有する
- 有価証券の発行者（顧客）は，有価証券の引受日または条件決定日に，当該引受業務からの経済的便益およびリスクを有する

図表9-4 収益認識会計基準の論点マップ―引受け・募集・売出しに関連する手数料

Step 1 契約の識別	Step 2 履行義務の識別	Step 3 取引価格の算定	Step 4 取引価格の配分	Step 5 履行義務の充足
顧客と合意し，かつ，所定の要件を満たす契約を識別する	契約に含まれる約束について，約束の性質およびどのような単位で会計処理すべきかを決定する	財またはサービスの移転と交換に権利を得ると見込む対価（取引価格）を算定する	契約に含まれる履行義務に対して，取引価格を各履行義務の独立販売価格の比率に基づき配分する	履行義務の充足に基づき収益を認識する
契約の識別（要件） ●承認と義務の履行の約束 ●権利の識別 ●支払条件の識別 ●経済的実質 ●対価の回収可能性	契約に含まれる約束の性質 ●履行義務とはならない活動	変動対価 ●変動対価の見積方法 ●変動対価の見積りの制限 ●変動対価の見積りの見直し ●返金負債の認識	独立販売価格の測定 ●独立販売価格の見積方法	履行義務が一時点で充足されるか一定期間にわたって充足されるかの決定
契約の結合	複数の約束が別個の履行義務となるかどうかの判定	契約における重要な金融要素	特定の履行義務グループへの値引きの配分	（一時点の場合）「支配」の顧客への移転時期の決定 ●「顧客による検収」の関連性
契約変更	複数の約束が「一連の別個の財又はサービス」に該当するかどうかの判定	現金以外の対価	特定の履行義務／履行義務グループへの変動対価の配分	（一定期間の場合）進捗度の測定 ●進捗度の測定方法 ●進捗度測定に含めてはならない項目 ●進捗度を信頼性をもって測定できない場合の収益の認識
		顧客に支払われる対価		
		取引価格の変動		

引受け・売出し手数料

本人 vs. 代理人―主幹事は本人？代理人？

引受関連の各種サービスは別個の履行義務となるか？	本人 vs. 代理人 引受関連コストは総額計上？			●一定期間or一時点 ●履行義務の充足時期
引受サービスに付随するサービス（ブリッジローン等）を別個の契約として識別？				

募集・売出し手数料（投信代行手数料含む）

	各サービス（販売，マーケティング，その他）を個別に識別？	●成功報酬その他（if any）		一時点 or 一定期間？（販売，マーケティング，その他）

Q9-5 収益認識会計基準等の適用―その他の受入手数料

その他の受入手数料は，収益認識会計基準等の適用によりどのような影響を受けますか。また，収益認識会計基準等の適用による主な検討ポイントの概要を教えてください。

Answer Point

- M&Aアドバイザリー契約は，契約に含まれるサービス内容を検討して，履行義務を識別することが必要です。
- 契約に複数のサービスが含まれる場合，各サービスを別個の履行義務として識別するかどうかを検討します。また，各履行義務の充足のパターンを分析することが必要です。
- 事業売却に関連して提供されるフェアネス・オピニオンは，通常別個の履行義務として識別されるものと考えられます。
- その他の手数料の収益認識の主な検討ポイントの概要は，図表9-5に掲載しています。

解説

（1）フェアネス・オピニオンとは

　フェアネス・オピニオンとは，M&Aにおける株式価値評価額（合併比率など）や当該評価結果に至る会社の経営判断について独立の第三者がさまざまな観点から調査し，その公正性に関して財務的見地から表明する意見のことであり，顧客と単一のM&Aアドバイザリー契約に含めて締結されるか，または別個の契約として顧客と締結されます。また，フェアネス・オピニオンは，M&Aアドバイザリーを提供する会社以外の会社が提供することもあります。

(2) 履行義務の識別

　事業売却に関連して提供されるフェアネス・オピニオンは，M&Aアドバイザリー・サービスを提供する会社とは別の会社から入手することも可能であり，単独で，または，容易に利用可能な他の資源と組み合わせて便益を享受することができます。また，フェアネス・オピニオンは，一般的には，事業を売却するという結合後のアウトプットのためのインプットではない（つまり，フェアネス・オピニオンとM&Aアドバイザリー・サービスは相互に修正またはカスタマイズされず，結合後のアウトプットに統合されず，相互依存性は高くない）ため，契約に含まれる他の約束と区分して識別することができます。このような状況では，フェアネス・オピニオンは，単一のM&Aアドバイザリー契約に含まれていたとしても，当該契約に含まれる他のサービスとは別個の履行義務として識別されるものと考えられます。

(3) 履行義務の充足

　事業売却に関連して提供されるフェアネス・オピニオンは，一定の期間にわたり充足される履行義務の要件を満たさない（フェアネス・オピニオンを提供するための会社の履行による便益を顧客は同時に受け取って消費しない等）ため，フェアネス・オピニオンは，一時点（フェアネス・オピニオンが顧客に提供される時点）で収益認識される可能性があると考えられます。

図表9-5　収益認識会計基準の論点マップ—その他受入手数料

Step 1 契約の識別	Step 2 履行義務の識別	Step 3 取引価格の算定	Step 4 取引価格の配分	Step 5 履行義務の充足
顧客と合意し，かつ，所定の要件を満たす契約を識別する	契約に含まれる約束について，約束の性質およびどのような単位で会計処理すべきかを決定する	財またはサービスの移転と交換に権利を得ると見込む対価（取引価格）を算定する	契約に含まれる履行義務に対して，取引価格を各履行義務の独立販売価格の比率に基づき配分する	履行義務の充足に基づき収益を認識する
契約の識別（要件） ●承認と義務の履行の約束 ●権利の識別 ●支払条件の識別 ●経済的実質 ●対価の回収可能性	契約に含まれる約束の性質 ●履行義務とはならない活動	変動対価 ●変動対価の見積方法 ●変動対価の見積りの制限 ●変動対価の見積りの見直し ●返金負債の認識	独立販売価格の測定 ●独立販売価格の見積方法	履行義務が一時点で充足されるか一定期間にわたって充足されるかの決定
契約の結合	複数の約束が別個の履行義務となるかどうかの判定	契約における重要な金融要素	特定の履行義務グループへの値引きの配分	（一時点の場合）「支配」の顧客への移転時期の決定 ●「顧客による検収」の関連性
契約変更	複数の約束が「一連の別個の財又はサービス」に該当するかどうかの判定	現金以外の対価	特定の履行義務／履行義務グループへの変動対価の配分	（一定期間の場合）進捗度の測定 ●進捗度の測定方法 ●進捗度測定に含めてはならない項目 ●進捗度を信頼性をもって測定できない場合の収益の認識
		顧客に支払われる対価		
		取引価格の変動		

M&A アドバイザリー手数料

「顧客との契約」に該当するか？	契約に含まれる各種業務を別個の履行義務として識別？	変動対価の見積り（Price Concession）	変動対価の配分	一時点 or 一定期間？
現在の強制力のある権利および業務を有している契約期間は？	契約に含まれる複数のサービスが「一連の財又はサービス」に該当するか？			
	フェアネス・オピニオンは別個の履行義務として識別？			

【著者紹介】

有限責任監査法人トーマツ

有限責任監査法人トーマツは，デロイト ネットワークのメンバーであり，デロイト トーマツ グループの主要法人として，監査・保証業務，リスクアドバイザリーを提供しています。日本で最大級の監査法人であり，国内約30の都市に約3,200名の公認会計士を含む約6,600名の専門家を擁し，大規模多国籍企業や主要な日本企業をクライアントとしています。詳細は当法人Webサイト（www.deloitte.com/jp）をご覧ください。

Q&A
業種別会計実務14・証券（第2版）

2014年4月1日　第1版第1刷発行
2020年7月1日　第2版第1刷発行

著　者　有限責任監査法人トーマツ
発行者　山　本　　　継
発行所　㈱中　央　経　済　社
発売元　㈱中央経済グループ
　　　　パ ブ リ ッ シ ン グ

〒101-0051　東京都千代田区神田神保町1-31-2
電　話　03（3293）3371（編集代表）
　　　　03（3293）3381（営業代表）
http://www.chuokeizai.co.jp/
印刷／文唱堂印刷㈱
製本／誠　製　本　㈱

©2020. For information, contact
　　　 Deloitte Touche Tohmatsu LLC.
Printed in Japan

＊頁の「欠落」や「順序違い」などがありましたらお取り替えいたしますので発売元まで
　ご送付ください。（送料小社負担）
ISBN978-4-502-33221-0 C3034